Elementary Chinese

初級中国語
この1冊

—4技能の習得を目指して—

改訂版

丸尾誠・勝川裕子・李軼倫

KINSEIDO

まえがき

このテキストは初めて中国語を学ぶ人を対象とした初級用の教材です。「発音編」と全13課の本編から成り、週1回の授業で1年間で学び終えることを想定しています。本書は文法事項の学習を中心に進めつつ、「読む・聞く・話す・書く」の4技能をバランスよく身につけることを目的としており、次のような特徴が見られます。

(1) 各課の「新出語句（1）」は本文の、「新出語句（2）」はポイント部分のそれぞれ初出の語句から成るもので、過度の負担とならないよう、その数を極力抑えつつ、実用性の高いものを収録するよう心掛けました。これらに各課の末尾の「補充語句」が加わった、限られた語句で本文や例文が構成されています。そのため既出の語句が繰り返し現れることになり、学習の成果が実感できるよう工夫しました。

(2) 「新出語句（1）」を学んだあとには「語句チェック」で実際の音声を聞いて、簡体字とピンインを書き取る作業を行うことになります（ピンインが苦手な人も少なくありませんが避けられません…）。その際には単にそこで示された語句のみならず、それ以前に学んだ語句との組み合わせとなっている場合もあります。これも上記と同様に、繰り返しによって記憶に定着させようという試みの一環です。

(3) 本文は主人公の野村さんが自分と関わりのあることを述べる形式となっているので、学習者も（野村さんになったつもりで）自分の状況を相手に伝えるという設定で学習することが可能です。本文の長さは比較的短いものなので、暗唱にも適しています。「練習問題」の問4を利用した会話練習は、話す能力の養成につながります。

(4) ポイントについている個別の「ドリル」や各課の末尾にある「練習問題」は各種検定試験の形式を想定したものです。本書で一通り学んだ学習者が、中国語検定試験4級程度の実力を身につけられることを編集方針としました。

こうした特徴を念頭に本書を使用して頂くと、より充実した学習が可能であると信じています。また強調しておきたいのは、言語の本質は音声だということです。とりわけ中国語の学習については、目で漢字を見て何となく意味は分かるが、耳で聞くと分からないという事態に陥りやすいのが実情です。専用のサイトからダウンロードした音声を大いに活用することにより、中国語を体感して、その音声の魅力を味わってください。目下、色々な意味で中国語の必要性を皆さんも実感されていることと思います。本書で中国語の基礎をしっかりと固めた上で、皆さんの中国語力がさらに向上していくことを心から願っています。

2018年秋
著者

著　者
　　丸尾誠（名古屋大学）
　　勝川裕子（名古屋大学）
　　李軼倫（東京外国語大学ほか非常勤講師）

表紙デザイン
　　（株）欧友社

イラスト
　　川野郁代

音声ファイル無料ダウンロード

http://www.kinsei-do.co.jp/download/0731

この教科書で 🎧 DL 00 の表示がある箇所の音声は、上記 URL または QR コードにて
無料でダウンロードできます。自習用音声としてご活用ください。

▶ PC からのダウンロードをお勧めします。スマートフォンなどでダウンロードされる場合は、
　ダウンロード前に「解凍アプリ」をインストールしてください。
▶ URL は、**検索ボックスではなくアドレスバー（URL 表示覧）**に入力してください。
▶ お使いのネットワーク環境によっては、ダウンロードできない場合があります。

💿 CD 00　左記の表示がある箇所の音声は、**教室用 CD** に収録されています。

目　　次

1 声調（四声）　ā á ǎ à

第1声	第2声	第3声	第4声
mā（妈）[お母さん]	má（麻）[麻]	mǎ（马）[馬]	mà（骂）[ののしる]

軽声：前の音節に続けて、軽く短く発音する　　例：māma（妈妈）[お母さん]

ドリル 1 ▶ 音声を聞いて、声調符号をつけましょう。

① ma　　　　② ma　　　　③ ma　　　　④ ma　　　　⑤ mama

2 単母音

a	日本語の「ア」より口を大きく開ける
o	日本語の「オ」より唇を丸くして突き出す
e	日本語の「エ」の口で、喉の奥で「オ」と発音する
i（yi）	日本語の「イ」より唇を左右に引く
u（wu）	日本語の「ウ」より唇を丸くして突き出す
ü（yu）	唇をややすぼめて、「イ」と発音する

注意　（　）内は前に子音がつかない場合のつづり

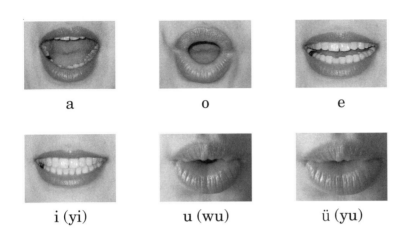

a   o   e

i (yi)   u (wu)   ü (yu)

DL 04~06

CD1-04~06

ドリル1 音声の後に続いて、順番に発音しましょう。

① à ǎ á ā   ② ó ǒ ò ō

③ ē é è ě   ④ yǐ yì yī yí

⑤ wǔ wú wù wū   ⑥ yú yū yù yǔ

注意 i の上に声調符号をつけるときには、i の上の点を取る

ドリル2 音声を聞いて、発音されたものに〇をつけましょう。

① à ǎ   ② ó ō   ③ ě é è   ④ yǐ yì yí

⑤ wù wú wǔ wū   ⑥ yǔ yū yù yú

ドリル3 音声を聞いて、声調符号をつけましょう。

① a   ② o   ③ e   ④ yi   ⑤ wu   ⑥ yu

練習問題

1 次の単母音について、前に子音がつかずに単独で用いられる場合のつづりを書きましょう。

① i （　　　　） 　② u （　　　　） 　③ ü （　　　　　）

2 音声を聞いて、発音されたものに〇をつけましょう。

① ā ō ē 　② yí yú ó 　③ yǔ wǔ yǐ 　④ à è wù

3 音声を聞いて、ピンイン（声調も含む）を書き取りましょう。

① ....　② ....　③ ....

④ ....　⑤ ....　⑥ ....

4 音声の後に続いて、発音しましょう。

① āyí（阿姨）[おばさん]　　② yǔyī（雨衣）[レインコート]

③ yìwù（义务）[義務]　　④ Éyǔ（俄语）[ロシア語]

発音 2 子音

DL 10

CD1-10

1 子音

	無気音	有気音		
唇　音	b (o)	p (o)	m (o)	f (o)
舌尖音	d (e)	t (e)	n (e)	l (e)
舌根音	g (e)	k (e)	h (e)	
舌面音	j (i)	q (i)	x (i)	注意 ①
そり舌音	zh (i)	ch (i)	sh (i)	r (i)
舌歯音	z (i)	c (i)	s (i)	

注意②

注意 ① j, q, x + ü → ju, qu, xu （üの上の「‥」を取って表記する）
② 3つの i： ji, zhi, zi 類のそれぞれの i は違う音

DL 11

CD1-11

2 無気音と有気音

	a	o	e	i	u	ü
b－p	ba　pa	bo　po		bi　pi	bu　pu	
d－t	da　ta		de　te	di　ti	du　tu	
g－k	ga　ka		ge　ke		gu　ku	
j－q				ji　qi		ju　qu
zh－ch	zha　cha		zhe　che	zhi　chi	zhu　chu	
z－c	za　ca		ze　ce	zi　ci	zu　cu	

ドリル 1 無気音と有気音の違いに注意して、発音しましょう。

① bō — pō　　② dú — tú　　③ gě — kě

④ jì — qì　　⑤ zhā — chā　　⑥ zí — cí

ドリル 2 音声を聞いて、発音されたものに〇をつけましょう。

① bǐ（比）— pǐ（匹）　　② dǎ（打）— tǎ（塔）　　③ gǔ（古）— kǔ（苦）

④ jī（机）— qī（七）　　⑤ zhǐ（指）— chǐ（尺）　　⑥ zì（字）— cì（次）

ドリル 3 次のそり舌音について、音の違いに注意して、発音しましょう。

① zhī — chī　　② shì — rì　　③ zhá — chá　　④ shě — rě

ドリル 4 音の違いに注意して、発音しましょう。

① zá（杂）— zhá（炸）　　② zì（自）— zhì（志）　　③ cā（擦）— chā（插）

④ cǎo（草）— chǎo（炒）　　⑤ sù（宿）— shù（数）　　⑥ lì（力）— rì（日）

練習問題

DL 16~19

CD1-16-19 **1** 音声の後に続いて、発音しましょう。

① bō（波）　　pó（婆）　　mǐ（米）　　fǎ（法）

② dà（大）　　tè（特）　　nǚ（女）　　lì（立）

③ gǔ（谷）　　kě（可）　　hé（和）

④ jí（集）　　qī（妻）　　xǐ（洗）

⑤ zhě（者）　　chū（出）　　shǔ（暑）　　rì（日）

⑥ zǐ（子）　　cā（擦）　　sè（色）

2 音声を聞いて、発音されたものに〇をつけましょう。

① lè（乐）— rè（热）　　② sì（四）— sù（速）　　③ nǔ（努）— nǚ（女）

④ xī（西）— shī（失）　　⑤ ké（咳）— hé（和）　　⑥ jǐ（几）— zhǐ（只）— zǐ（子）

3 音声を聞いて、子音を書き取りましょう。

① （　　）ǐ　　② （　　）à　　③ （　　）í　　④ （　　）ā

⑤ （　　）ū　　⑥ （　　）ǔ　　⑦ （　　）é　　⑧ （　　）ì

4 音声を聞いて、ピンイン（声調も含む）を書き取りましょう。

① ....　　② ....　　③ ....　　④ ....

発音 **3**　複母音・そり舌母音・鼻母音

DL 20
CD1-20

1 複母音

［二重母音］

ai	ei	ao	ou	
ia	ie	ua	uo	üe
(ya)	(ye)	(wa)	(wo)	(yue)

注意 複母音のeは単母音のeとは違う音

注意 （　　）内は前に子音がつかない場合のつづり

［三重母音］

iao	iou	uai	uei
(yao)	(you)	(wai)	(wei)

注意 iou、uei：隠れるつづり o と e

　　子音 + iou　→　子音 + iu　　例：jiǔ（九）

　　子音 + uei　→　子音 + ui　　例：shuǐ（水）

※声調符号をつける位置

① 母音の上　　　　　　　　　　　例：fǎ（法）　　wū（屋）

② 複母音の場合

　1）優先順位　a > e, o > i, u, ü　　例：lǎo（老）　　bèi（被）

　2）i, u が並んだら後ろ　　　　　例：liù（六）　　huì（会）

DL 21
CD1-21

▶ ドリル1　音声の後に続いて、順番に発音しましょう。

① ai　—　āi　ái　ǎi　ài

② ei　—　ēi　éi　ěi　èi

③ ao　—　āo　áo　ǎo　ào

④ ou　—　ōu　óu　ǒu　òu

⑤ ia　—　yā　yá　yǎ　yà

⑥ ie　—　yē　yé　yě　yè

⑦ ua　—　wā　wá　wǎ　wà

⑧ uo　—　wō　wó　wǒ　wò

⑨ üe　—　yuē　yué　yuě　yuè

⑩ iao　—　yāo　yáo　yǎo　yào

⑪ iou　—　yōu　yóu　yǒu　yòu

⑫ uai　—　wāi　wái　wǎi　wài

⑬ uei　—　wēi　wéi　wěi　wèi

注意 i, u, ü ではじまる音節

　　i は y に置き換えてつづる

　　u は w に置き換えてつづる

　　ü は yu に置き換えてつづる

ドリル2　音声を聞いて、声調符号をつけましょう。

① ai　　② ei　　③ ao　　④ ou　　⑤ ya　　⑥ ye　　⑦ wa

⑧ wo　　⑨ yue　　⑩ yao　　⑪ you　　⑫ wai　　⑬ wei

2 そり舌母音

er　　　e を発音すると同時に、舌先をそり上げる

　　　　èr（二）　　értóng（儿童）[児童]

ドリル1　音声の後に続いて、発音しましょう。

① èryuè（二月）　　② ěrduo（耳朵）[耳]　　③ érzi（儿子）[息子]

3 鼻音（-n、-ng）を伴う母音

an — ang　　en — eng　　ong

ian — iang　　in — ing　　iong
(yan) (yang)　(yin) (ying)　(yong)　　注意 （　）内は前に子音がつかない場合のつづり

uan — uang　　uen — ueng　　　注意 uen：隠れるつづり e
(wan) (wang)　(wen) (weng)　　　　　子音 + uen → 子音 + un　　例:cūn（村）

üan　　　　　ün
(yuan)　　　(yun)

ドリル1　-n と -ng の違いに注意して、発音しましょう。

① fàn — fàng　　② mín — míng　　③ qián — qiáng

④ zhēn — zhēng　　⑤ chuán — chuáng　　⑥ yàn — yàng

ドリル2　音声を聞いて、発音されたものに〇をつけましょう。

① gǎn（感）— gǎng（港）　② fēn（分）— fēng（封）　③ xiān（先）— xiāng（香）

④ yīn（音）— yīng（英）　⑤ wàn（万）— wàng（忘）　⑥ wēn（温）— wēng（翁）

練習問題

1 音声の後に続いて、発音しましょう。

① cái（才）　　　　nèi（内）　　　hǎo（好）　　　ròu（肉）

② jiā（家）　　　　xiě（写）　　　guā（瓜）　　　shuō（说）　　　lüè（略）

③ miáo（苗）　　　niú（牛）　　　kuài（快）　　　tuī（推）

2 音声を聞いて、複母音と声調を書き取りましょう。

① f(　　　　)　② x(　　　　)　③ h(　　　　)　④ b(　　　　)

⑤ sh(　　　　)　⑥ j(　　　　)　⑦ l(　　　　)　⑧ m(　　　　)

3 音声を聞いて、鼻音を伴う母音と声調を書き取りましょう。

① s(　　)　② q(　　)　③ zh(　　)　④ j(　　)

発音 4 アル化、声調変化ほか

DL 31

CD1-31

1 r化（アル化）の発音

(1) 音節末に -r を添加

huār（花儿）[花]　　māor（猫儿）[猫]

(2) 複母音の -i, -n + r → -i, -n の脱落

xiǎoháir（小孩儿）[子ども]　　wánr（玩儿）[遊ぶ]

(3) -ng + r → -ng が脱落し、鼻音化

kòngr（空儿）[ひま]

DL 32

CD1-32

2 声調変化

(1) 第3声＋第3声 → <u>第2声</u>＋第3声　　例：nǐ（你）＋ hǎo（好）→ <u>ní</u> hǎo

注意 ただし声調符号はもとのまま表記する

(2) bù（不）＋第4声 → <u>bú</u>＋第4声　　例：bù（不）＋ dà（大）→ <u>bú</u> dà

(3) yī（一）＋第1、2、3声 → <u>yì</u>＋第1、2、3声　　例：yī（一）＋ nián（年）→ <u>yì</u> nián

yī（一）＋第4声 → <u>yí</u>＋第4声　　　例：yī（一）＋ wàn（万）→ <u>yí</u>wàn

注意 ただし序数を表すときは変化しない　　例：dì yī kè（第一课）

DL 33

CD1-33

3 軽声

第1声＋軽声	第2声＋軽声	第3声＋軽声	第4声＋軽声

māma（妈妈）	yéye（爷爷）	jiějie（姐姐）	dìdi（弟弟）
[お母さん]	[父方の祖父]	[姉]	[弟]

DL 34

CD1-34

4 隔音符号

音節の境目をはっきりさせるマーク。a, o, e で始まる音節が、他の音節に続くときに用いる。

Xī'ān（西安）（≠ xiān（先））　　Tiān'ānmén（天安门）　　shí'èr（十二）

覚えよう 音声の後に続いて、発音しましょう。

① **数字（0 ～ 99）**

零 líng	一 yī	二 èr	三 sān	四 sì	五 wǔ
六 liù	七 qī	八 bā	九 jiǔ	十 shí	十一 shíyī
二十 èrshí		九十九 jiǔshijiǔ			

注意 "五十七 wǔshiqī" のように、間に置かれた "十" は軽声で発音される

② **国名・地名**

日本 Rìběn 东京 Dōngjīng 大阪 Dàbǎn 京都 Jīngdū 横滨 Héngbīn

冲绳 Chōngshéng 北海道 Běihǎidào 名古屋 Mínggǔwū

中国 Zhōngguó 北京 Běijīng 上海 Shànghǎi 香港 Xiānggǎng

③ **あいさつ表現**

早上好！ Zǎoshang hǎo!	［おはよう。］
你好！ Nǐ hǎo!	［こんにちは。］
老师好！ Lǎoshī hǎo!	［先生、こんにちは。］
谢谢。 Xièxie.	［ありがとう。］
不谢。 Bú xiè.	［どういたしまして。］
对不起。 Duìbuqǐ.	［すみません。］
没关系。 Méi guānxi.	［構いませんよ。］
再见！ Zàijiàn!	［さようなら。］
明天见！ Míngtiān jiàn!	［また明日。］

本書では品詞ほかを示すのに、以下の略号を使用しています。

名詞：[名]　　　　代詞：[代]　　　　数詞：[数]　　　　量詞：[量]

動詞：[動]　　　　助動詞：[助動]　　形容詞：[形]　　　副詞：[副]

介詞：[介]　　　　接続詞：[接]　　　助詞：[助]　　　　感嘆詞：[感嘆]

数量詞：[数量]　　方位詞：[方位]

S：主語　　　V：動詞　　　O：目的語　　　N：名詞

cf.：参照事項

☞ポ1：（文法の）ポイント1を参照のこと

A／B：AまたはB

第1課　自己紹介

第1課のポイント　ここでは「私は～です。」に相当する中国語の文型を中心に学習します。簡単な自己紹介ができるようになりましょう。

新出語句(1)　音声を聞いて、新出語句を発音してみましょう。

DL 38
CD1-38

1　大家好。Dàjiā hǎo.（皆さん）こんにちは。
2　我 wǒ 代 私
3　姓 xìng 動 名字は～である ☞ポ5
4　野村翔太 Yěcūn Xiángtài 〈人名〉野村翔太
5　叫 jiào 動 名前を～という ☞ポ5
6　是 shì 動 ～である ☞ポ2
7　日本人 Rìběnrén 名 日本人
8　请多关照。Qǐng duō guānzhào. よろしくお願いします。
9　她 tā 代 彼女
10　同学 tóngxué 名 クラスメート
11　陈雨然 Chén Yǔrán 〈人名〉陳雨然
12　中国 Zhōngguó 名 中国 （「中国人」は"中国人 Zhōngguórén"）

13　留学生 liúxuéshēng 名 留学生
14　我们 wǒmen 代 私たち
15　都 dōu 副 すべて ☞ポ3
16　明诚大学 Míngchéng Dàxué 明誠大学 （架空の大学名。「大学」は"大学 dàxué"）
17　的 de 助 ～の ☞ポ4
18　学生 xuésheng 名 学生；生徒
19　你们 nǐmen 代 あなたたち
20　也 yě 副 ～も ☞ポ3
21　大学生 dàxuéshēng 名 大学生
22　吗 ma 助 ～か（文末に用いられ、疑問を表す）

語句 チェック

DL 39
CD1-39

音声を聞いて、簡体字とピンインで書き取りましょう。

	(1)	(2)	(3)	(4)	(5)
簡体字					
ピンイン					

本文

野村さんが自己紹介をしています。クラスメートには留学生もいるようです。

DL 40
CD1-40

大家 好。 我 姓 野村，叫 野村 翔太。
Dàjiā hǎo. Wǒ xìng Yěcūn, jiào Yěcūn Xiángtài.

我 是 日本人。 请 多 关照。 她 是 我
Wǒ shì Rìběnrén. Qǐng duō guānzhào. Tā shì wǒ

同学。 她 叫 陈 雨然，是 中国 留学生。
tóngxué. Tā jiào Chén Yǔrán, shì Zhōngguó liúxuéshēng.

我们 都 是 明诚 大学 的 学生。 你们
Wǒmen dōu shì Míngchéng Dàxué de xuésheng. Nǐmen

也 是 大学生 吗？
yě shì dàxuéshēng ma?

19

ポイント

DL 41~43

CD1-41~43

1 人称代詞

	1人称	2人称	3人称
単数	我 wǒ	你 nǐ / 您 nín ※1	他 / 她 / 它 tā ※2
複数	我们 wǒmen / 咱们 zánmen ※3	你们 nǐmen	他们 / 她们 / 它们 tāmen

※1 "您"は"你"の丁寧な言い方。　※2 "它"は人間以外の動物・物を指す。
※3 "咱们"は聞き手も含めた「私たち」。

2 動詞"是"の用法

肯定文： 我　是　日本人。
　　　　　Wǒ　shì　Rìběnrén.

否定文： 他　不　是　学生。
　　　　　Tā　bú　shì　xuésheng.

疑問文： 她　是　老师　吗？—是，她　是　老师。/ 不　是，她　是　学生。
　　　　　Tā　shì　lǎoshī　ma?　—Shì,　tā　shì　lǎoshī. / Bú　shì,　tā　shì　xuésheng.

> **ドリル**　次の文を否定文と疑問文にしましょう。

⑴　他是日本人。

....

....

⑵　她们是留学生。

....

....

3 副詞"也"と"都"

我　也　是　留学生。
Wǒ　yě　shì　liúxuéshēng.

他们　都　不　是　美国人。
Tāmen　dōu　bú　shì　Měiguórén.

她们　也　都　是　学生。
Tāmen　yě　dōu　shì　xuésheng.

> **ドリル**　次の日本語を中国語に訳しましょう。

⑴　彼らも中国人ではありません。

....

⑵　君たちはみんな学生ですか。

....

🎧
DL 44, 45

◎
CD1-44, 45

4 ～の…（連体修飾の表し方）

【名詞性の連体修飾語＋"的"de ＋名詞】

北京 大学 的 学生　　　　图书馆 的 书
Běijīng Dàxué de xuésheng　　túshūguǎn de shū

我 的 书　　　　　　　　他 的 电脑
wǒ de shū　　　　　　　　tā de diànnǎo

cf. 後ろの名詞を省略した"我的"は「私のもの」という意味の名詞相当の語句になります。

【"的"が不要なケース】

(1) 「人称代詞＋人間関係・所属集団を表す名詞」の形　※"的"は通常省略されます。

我 妈妈　　　　你 妹妹　　　　他 朋友　　　　我们 大学
wǒ māma　　　nǐ mèimei　　　tā péngyou　　wǒmen dàxué

(2) 熟語化したもの

中国 老师　　　汉语 老师
Zhōngguó lǎoshī　　Hànyǔ lǎoshī

日本 朋友　　　美国 留学生
Rìběn péngyou　　Měiguó liúxuéshēng

▌▌ドリル▶　次の日本語を中国語に訳しましょう。

(1) 私のパソコン　　　(2) 彼女の妹　　　(3) 中国人の友達

....　　　....................　　　....................

5 名前の言い方

您 贵姓？　　　　　— 我 姓 陈。
Nín guìxìng?　　　　— Wǒ xìng Chén.

你 叫 什么 名字？　— 我 叫 野村 翔太。
Nǐ jiào shénme míngzi?　— Wǒ jiào Yěcūn Xiángtài.

▌▌ドリル▶　自分の名前を中国語で言ってみましょう。

我 姓 (　名字　), 叫 (　フルネーム　)。
Wǒ xìng ＿＿＿＿＿＿, jiào ＿＿＿＿＿＿.

1 | 日本語に合うように、（　　）内の語句を並べ替えましょう。

(1) 彼らもみんな留学生ではありません。

他们（ 留学生 / 都 / 不 / 也 / 是 ）。

---

(2) 彼女たちは全員日本人留学生ですか。

她们（ 日本 / 都 / 是 / 吗 / 留学生 ）?

---

(3) 彼女はあなたの妹ではないのですか。　　　　　　ヒント：否定疑問文の形です。

她（ 吗 / 是 / 你 / 不 / 妹妹 ）?

---

2 | 次の日本語を中国語に訳しましょう。

(1) 彼のお母さんは中国語の教師だ。

---

(2) 私たちは友達です。

---

(3) 彼らはみんな私のクラスメートです。

新出語句(2)

DL 46

CD1-46

1　不　bù　副 ～ではない（否定を表す）

2　老师　lǎoshī　名 先生；教師　cf. 陈 Chén 老师［陳先生］

3　美国人　Měiguórén　名 アメリカ人
　　（「アメリカ」は "美国 Měiguó"）

4　北京大学　Běijīng Dàxué　北京大学

5　图书馆　túshūguǎn　名 図書館

6　书　shū　名 本

7　电脑　diànnǎo　名 コンピューター；パソコン

8　妈妈　māma　名 お母さん（"母亲 mǔqin" とも言う）

9　妹妹　mèimei　名 妹

10　朋友　péngyou　名 友達

11　汉语　Hànyǔ　名 中国語

12　日本　Rìběn　名 日本

13　贵姓　guìxìng　名 お名前

14　什么　shénme　代 何；どんな

15　名字　míngzi　名 名前

DL 47

CD1-47

3 音声を聞いて空欄に簡体字とピンインを入れた上で、全文を日本語に訳しましょう。

(1) 他 叫 （ 　　　　　　　 ）名字？
Tā jiào（ 　　　　　　 ）míngzi?

(2) 我们 不 是 （ 　　　　　　　 ）留学生。
Wǒmen bú shì（ 　　　　　 ）liúxuéshēng.

(3) 陈 老师 是 我们 的 （ 　　　　　　 ）老师。
Chén lǎoshī shì wǒmen de（ 　　　　 ）lǎoshī.

4 次の会話を作成して、お互いに自己紹介してみましょう。

A: 你 好, 我 叫 （ 　　　　 ）。我 是 （ 　　　　 ）大学 的 学生。
Nǐ hǎo, wǒ jiào（ 　　 ）. Wǒ shì（ 　　 ）Dàxué de xuésheng.

你 贵姓？
Nǐ guìxìng?

B: 我 姓 （ 　　　 ）, 叫 （ 　　　 ）。
Wǒ xìng（ 　 ）, jiào（ 　 ）.

我 也 是 （ 　　　 ）大学 的 学生。请 多 关照。
Wǒ yě shì（ 　 ）Dàxué de xuésheng. Qǐng duō guānzhào.

補 充 語 句

DL 48,49

CD1-48,49

【国名・言語名】

❶ 我是（ 日本 ）人。他是（ 中国 ）朋友。【国名】

美国 Měiguó［アメリカ］　英国 Yīngguó［イギリス］　德国 Déguó［ドイツ］

法国 Fǎguó［フランス］　韩国 Hánguó［韓国］

❷ 他是（ 汉语 ）老师。【言語名】

英语 Yīngyǔ［英語］　日语 Rìyǔ［日本語］　德语 Déyǔ［ドイツ語］

法语 Fǎyǔ［フランス語］　韩语 Hányǔ［韓国語］

第2課のポイント 動詞や形容詞が述語になった文を学ぶことにより、動作や状態を表現できるようになります。また指示表現を利用して、身の周りの事物に言及できるようになりましょう。

新出語句(1) 音声を聞いて、新出語句を発音してみましょう。

DL 50
CD1-50

1 喜欢 xǐhuan 動 好む；好きである
2 看 kàn 動 見る；読む
3 电影 diànyǐng 名 映画
4 呢 ne 助 〜は？（省略疑問）☞ポ4
5 动作片 dòngzuòpiàn 名 アクション映画
6 和 hé 接 〜と
7 动画片 dònghuàpiàn 名
　　アニメ映画；アニメーション
8 恐怖片 kǒngbùpiàn 名 ホラー映画
9 这个 zhèige 代 この ☞ポ1
10 内容 nèiróng 名 内容

11 比较 bǐjiào 副 わりと；比較的
12 难 nán 形 難しい
13 但 dàn 接 しかし
14 很 hěn 副 とても
15 有意思 yǒu yìsi 面白い
16 一定 yídìng 副 きっと；必ず
17 一起 yìqǐ 副 一緒に
18 吧 ba 助 文末に用いて勧誘や推量を表す
　　☞ポ5

語句 チェック

DL 51
CD1-51

音声を聞いて、簡体字とピンインで書き取りましょう。

	(1)	(2)	(3)	(4)	(5)
簡体字					
ピンイン					

本文

野村さんは、どんなジャンルの映画が好きなのでしょうか。

DL 52
CD1-52

我　喜欢　看　电影，你　呢？我　喜欢
Wǒ　xǐhuan　kàn　diànyǐng,　nǐ　ne?　Wǒ　xǐhuan

动作片　和　动画片，不　喜欢　恐怖片。这个
dòngzuòpiàn　hé　dònghuàpiàn,　bù　xǐhuan　kǒngbùpiàn.　Zhèige

DVD　是　中国　电影，内容　比较　难，但　很
DVD　shì　Zhōngguó　diànyǐng,　nèiróng　bǐjiào　nán,　dàn　hěn

有　意思。你　也　一定　喜欢　这个　电影。
yǒu　yìsi.　Nǐ　yě　yídìng　xǐhuan　zhèige　diànyǐng.

我们　一起　看　吧。
Wǒmen　yìqǐ　kàn　ba.

DL 53~55

CD1-53~55

1 指示代詞（1）

これ；この	それ；その	あれ；あの	どれ；どの
这 zhè	那 nà		哪 nǎ
这个 zhège / zhèige	那个 nàge / nèige		哪个 nǎge / něige

複数形はそれぞれ "这些 zhèxiē / zhèixiē"［これら（の）］、"那些 nàxiē / nèixiē"［あれら（の）］、"哪些 nǎxiē / něixiē"［どれ；どの］。

这 是 你 的 词典 吗？—这 不 是 我 的 词典，是 我 妹妹 的。
Zhè shì nǐ de cídiǎn ma? —Zhè bú shì wǒ de cídiǎn, shì wǒ mèimei de.

这些 都 是 汉语 课本。　　那个 电脑 是 我 的。
Zhèxiē dōu shì Hànyǔ kèběn.　Nèige diànnǎo shì wǒ de.

2 動詞述語文

肯定文： 我 去 北京。
　　　　Wǒ qù Běijīng.

否定文： 他 不 吃 面包。
　　　　Tā bù chī miànbāo.

疑問文： 她 说 法语 吗？—她 不 说 法语，说 德语。
　　　　Tā shuō Fǎyǔ ma? —Tā bù shuō Fǎyǔ, shuō Déyǔ.

目的語に動詞（フレーズ）をとることもあります。

我 不 喜欢 <u>看 书</u>，喜欢 <u>看 电视</u>。
Wǒ bù xǐhuan kàn shū, xǐhuan kàn diànshì.

【動詞と目的語をセットで覚えよう】

喝 茶 hē chá［お茶を飲む］　　　吃 饭 chī fàn［ご飯を食べる（→食事をする）］

说 汉语 shuō Hànyǔ［中国語を話す］　唱 歌 chàng gē［歌を歌う］

听 音乐 tīng yīnyuè［音楽を聞く］　　写 信 xiě xìn［手紙を書く］

3 形容詞述語文

他 弟弟 很 胖。　　　　　你 的 英语 真 好！
Tā dìdi hěn pàng.　　　　Nǐ de Yīngyǔ zhēn hǎo!

他们 都 不 忙。　　　　　汉语 难 吗？—不 难。
Tāmen dōu bù máng.　　Hànyǔ nán ma? —Bù nán.

【色々な形容詞をペアで覚えよう】

大 dà [大きい] ― 小 xiǎo [小さい]　　　高 gāo [(背が) 高い] ― 矮 ǎi [低い]

热 rè [暑い] ― 冷 lěng [寒い]　　　　　贵 guì [(値段が) 高い] ― 便宜 piányi [安い]

长 cháng [長い] ― 短 duǎn [短い]　　　多 duō [多い] ― 少 shǎo [少ない]

🎧 DL 56,57
◎ CD1-56,57

4　省略疑問文　　名詞（フレーズ）＋"呢"？　　　～は？

我 是 日本人，你 呢？　　　　―我 是 中国人。
Wǒ shì Rìběnrén, nǐ ne?　　　―Wǒ shì Zhōngguórén.

我们 去 图书馆，你们 呢？　　―我们 也 去 图书馆。
Wǒmen qù túshūguǎn, nǐmen ne?　―Wǒmen yě qù túshūguǎn.

这个 很 贵，那个 呢？　　　　―那个 很 便宜。
Zhèige hěn guì, nèige ne?　　　―Nèige hěn piányi.

她 不 来 吗？那 你 呢？
Tā bù lái ma? Nà nǐ ne?

> **ドリル**　次の日本語を中国語に訳した上で、それぞれの質問に答えましょう。

(1) 私は日本人留学生です。あなたは？　　(2) 僕のパソコンは安いけど、君のは？

....　　..

5　語気助詞"吧"

推量：　他 是 中国人 吧？ ―对，他 是 中国人。
　　　　Tā shì Zhōngguórén ba? ―Duì, tā shì Zhōngguórén.

勧誘：　咱们 一起 唱 歌 吧。
　　　　Zánmen yìqǐ chàng gē ba.

軽い命令：你 喝 乌龙茶 吧。
　　　　　Nǐ hē wūlóngchá ba.

> **ドリル**　次の日本語を中国語に訳しましょう。

(1) 彼女はあなたの妹さんでしょう？　　(2) 私たち、一緒に食事しましょう。

....　　..

1 日本語に合うように、（　　）内の語句を並べ替えましょう。

(1) あの人たちはみんなフランス人ですか。

（ 都 / 法国人 / 吗 / 是 / 人 / 那些 ）？

....

(2) このアメリカ映画は本当に面白い。

（ 这个 / 真 / 美国 / 有意思 / 电影 ）。

....

(3) これ、彼の辞書だよね？

（ 他 / 吧 / 的 / 这 / 词典 / 是 ）？

....

2 次の日本語を中国語に訳しましょう。

(1) 私たち、一緒に行きましょう。

....

(2) 私は忙しくないけど、君は？ ― 私も忙しくないですよ。

....

(3) 君は音楽を聞くのが好きですか。

....

新出語句(2)

DL 58

CD1-58

1	词典 cídiǎn 名辞書；辞典		9	弟弟 dìdi 名弟
2	课本 kèběn 名教科書；テキスト		10	胖 pàng 形太っている
3	去 qù 動行く		11	真 zhēn 副本当に
4	北京 Běijīng 名北京		12	好 hǎo 形よい
5	吃 chī 動食べる		13	忙 máng 形忙しい
6	面包 miànbāo 名パン		14	来 lái 動来る
7	说 shuō 動話す；言う		15	那 nà 接それでは；じゃあ
8	电视 diànshì 名テレビ		16	对 duì 形正しい
			17	乌龙茶 wūlóngchá 名ウーロン茶

3 音声を聞いて空欄に簡体字とピンインを入れた上で、全文を日本語に訳しましょう。

DL 59
CD1-59

(1) 这些 汉语 课本 都 不（　　　　　　　　　　）。
Zhèxiē Hànyǔ kèběn dōu bù（　　　　　　　　　）.

....

(2) 我 吃（　　　　　　　　　　），你 呢？
Wǒ chī（　　　　　　　　　），nǐ ne?

....

(3) 我们 大学 的（　　　　　　　　　）很 大。
Wǒmen dàxué de（　　　　　　　）hěn dà.

....

4 日本語訳をヒントに、（　　）内に適切な中国語を入れた上で、音声を聞いて確認して
会話練習をしてみましょう。

DL 60
CD1-60

A：这些 DVD 都 是（　　　　　　　　　　）吗？［これらの DVD、全部あなたの？］
Zhèxiē DVD dōu shì（　　　　　　　　）ma?

B：对，都 是 我 的。我 喜欢 看 电影，你（　　　　　　　　）？
Duì, dōu shì wǒ de. Wǒ xǐhuan kàn diànyǐng, nǐ（　　　　　　　）?
［そうだよ、全部僕の。僕、映画見るの好きなんだけど、君は？］

A：我 也（　　　　　　　　）看 电影，（　　　　　　　　）我 不 喜欢 恐怖片。
Wǒ yě（　　　　　　　　）kàn diànyǐng,（　　　　　　　）wǒ bù xǐhuan kǒngbùpiàn.
［私も映画を見るの好き。でも、ホラー映画は好きじゃない。］

B：这个 电影 很（　　　　　　　　　　）。我们 一起 看（　　　　　　）！
Zhèige diànyǐng hěn（　　　　　　　　　）. Wǒmen yìqǐ kàn（　　　　　　）!
［この映画はとても面白いから、一緒に見ようよ！］

補 充 語 句

【親族名称】

DL 61
CD1-61

她 是 我（ 妈妈 ）。/ 他 是 我（　　）。
Tā shì wǒ （māma）.

爸爸 bàba / 父亲 fùqin ［父］	妈妈 māma / 母亲 mǔqin ［母］
哥哥 gēge ［兄］　　弟弟 dìdi ［弟］	姐姐 jiějie ［姉］　　妹妹 mèimei ［妹］
爷爷 yéye ［（父方の）祖父］	奶奶 nǎinai ［（父方の）祖母］
姥爷 lǎoye ［（母方の）祖父］	姥姥 lǎolao ［（母方の）祖母］

第3課 キャンパス案内

第3課 第**3**課

第3課のポイント 疑問詞の用法を学ぶことで、相手に色々質問ができるようになります。今回学ぶ所在を表す表現と組み合わせて、場所を尋ねたり教えてあげたりできるようになりましょう。

新出語句(1) 音声を聞いて、新出語句を発音してみましょう。

DL 62
CD1-62

1 这儿 zhèr 代 ここ ☞ポ1

2 就 jiù 副 まさしく；まさに

3 校园 xiàoyuán 名 キャンパス

4 楼 lóu 名 (高い) 建物；ビル

5 教室楼 jiàoshìlóu 名 教室棟

6 在 zài 動 いる；ある ☞ポ2

7 左边儿 zuǒbianr 方位 左；左側

8 食堂 shítáng 名 食堂

9 后边儿 hòubianr 方位 後ろ

10 菜 cài 名 料理；おかず

11 好吃 hǎochī 形 (食べて) おいしい

12 价格 jiàgé 名 価格

13 下午 xiàwǔ 名 午後

14 没有 méiyou 動 ない
   (所有や存在について言う) ☞ポ4

15 课 kè 名 授業

16 午饭 wǔfàn 名 昼食

語句 チェック

音声を聞いて、簡体字とピンインで書き取りましょう。

DL 63
CD1-63

	(1)	(2)	(3)	(4)	(5)
簡体字					
ピンイン					

30

本文

野村さんがキャンパスの様子を紹介しています。食堂はどこにあるのでしょうか。

DL 64
CD1-64

这儿　就　是　我们　的　校园。　那个　楼
Zhèr　jiù　shì　wǒmen　de　xiàoyuán.　Nèige　lóu

是　教室楼，图书馆　在　教室楼　的　左边儿，
shì　jiàoshìlóu,　túshūguǎn　zài　jiàoshìlóu　de　zuǒbianr,

食堂　在　教室楼　的　后边儿。　我们　的　食堂
shítáng　zài　jiàoshìlóu　de　hòubianr.　Wǒmen　de　shítáng

菜　很　好吃，价格　也　很　便宜。　我　下午
cài　hěn　hǎochī,　jiàgé　yě　hěn　piányi.　Wǒ　xiàwǔ

没有　课，我们　一起　吃　午饭　吧。　你　喜欢
méiyou　kè,　wǒmen　yìqǐ　chī　wǔfàn　ba.　Nǐ　xǐhuan

吃　什么？
chī　shénme?

DL 65~67

CD1-65~67

1 指示代詞 (2)

ここ	そこ	あそこ	どこ
这儿 zhèr / 这里 zhèli	那儿 nàr / 那里 nàli		哪儿 nǎr / 哪里 nǎli

那儿　是　天安门　广场。
Nàr　shì Tiān'ānmén Guǎngchǎng.

2 所在表現（人・物＋"在"＋場所）　〜は…にいる／ある

他　现在　不　在　日本，在　美国。
Tā xiànzài bú zài Rìběn, zài Měiguó.

你　的　钱包　在　书包　里　吗？
Nǐ de qiánbāo zài shūbāo li ma?

邮局　不　在　银行（的）对面。
Yóujú bú zài yínháng (de) duìmiàn.

> **ドリル** 次の日本語を中国語に訳しましょう。

(1) 彼らはみな教室棟にいます。　　　(2) 郵便局は図書館の後ろにあります。

....　　　..

3 主述述語文

今天　天气　很　好。
Jīntiān tiānqì hěn hǎo.

他　哥哥　个子　不　太　高。
Tā gēge gèzi bú tài gāo.

你　爸爸　工作　忙　吗？
Nǐ bàba gōngzuò máng ma?

> **ドリル** （　）内の語句を意味が通るように並べ替えた上で、日本語に訳しましょう。

(1) （不太 / 工作 / 我 / 忙）。　　　(2) （食堂 / 价格 / 便宜 / 吗 / 这个）？

....　　　..

DL 68,69

CD1-68,69

4 **所有表現"有"**

我 有 电子 词典。
Wǒ yǒu diànzǐ cídiǎn.

他 没有 电脑。
Tā méiyou diànnǎo.

你 有 兄弟 姐妹 吗？— 我 有 姐姐。
Nǐ yǒu xiōngdì jiěmèi ma? — Wǒ yǒu jiějie.

ドリル 次の日本語を中国語に訳しましょう。

(1) 私はフランス語の辞書を持っています。　　(2) 彼には妹がいません。

....　　...

5 **疑問詞疑問文**

什么 shénme [何]	你 喝 什么？ Nǐ hē shénme?	— 我 喝 乌龙茶。 — Wǒ hē wūlóngchá.
哪 nǎ [どの]	你们 是 哪 国 人？ Nǐmen shì nǎ guó rén?	— 我们 都 是 德国人。 — Wǒmen dōu shì Déguórén.
哪儿 nǎr [どこ]	洗手间 在 哪儿？ Xǐshǒujiān zài nǎr?	— 洗手间 在 那儿。 — Xǐshǒujiān zài nàr.
谁 shéi [だれ]	这 是 谁 的 钱包？ Zhè shì shéi de qiánbāo?	— 是 他 的。 — Shì tā de.

ドリル 下線部が答えになるように疑問文を作りましょう。

(1) 她吃<u>面包</u>。　　(2) 银行在<u>邮局对面</u>。　　(3) 那个书包是<u>他的</u>。

....　　.................................　　.................................

1 | 日本語に合うように、（　　）内の語句を並べ替えましょう。

(1) あなたはどこの大学の学生ですか。

（ 是 / 哪个 / 你 / 的 / 学生 / 大学 ）?

_____

(2) 彼にはアメリカ人の友人はいません。

（ 没有 / 他 / 朋友 / 美国 ）。

_____

(3) 私の姉は背が低い。

（ 我 / 矮 / 个子 / 很 / 姐姐 ）。

_____

2 | 次の日本語を中国語に訳しましょう。

(1) 彼、いますか。— いません。　　　　　　　ヒント：ここでは場所は現れていません。

_____

(2) あの人は誰ですか。

_____

(3) 君、パソコン持ってる？ — 持ってます。

_____

新出語句(2)

DL 70

CD1-70

1 天安门广场 Tiān'ānmén Guǎngchǎng
天安門広場

2 现在 xiànzài 名現在；今

3 钱包 qiánbāo 名財布

4 书包 shūbāo 名かばん

5 里 li 方位 ～の中

6 邮局 yóujú 名郵便局

7 银行 yínháng 名銀行

8 对面 duìmiàn 方位 向かい

9 今天 jīntiān 名今日

10 天气 tiānqì 名天気

11 个子 gèzi 名背；身長

12 不太 bú tài あまり～ではない
（"太"は「すごく；とても」の意味）

13 工作 gōngzuò 名仕事

14 有 yǒu 動持っている（否定形は"没有 méiyou"）

15 电子词典 diànzǐ cídiǎn 名電子辞書

16 兄弟姐妹 xiōngdì jiěmèi 名兄弟姉妹

17 国 guó 名国（ただし単独では使えない）

18 洗手间 xǐshǒujiān 名トイレ；お手洗い

19 谁 shéi 代誰

DL 71
CD1-71

3 | 音声を聞いて空欄に簡体字とピンインを入れた上で、全文を日本語に訳しましょう。

(1) （　　　　　　　　　　　　　　　　） 在 哪儿？
 （　　　　　　　　　　　　　　　　） zài nǎr?

....

(2) 你 有（　　　　　　　　　　　　　）吗 ？ — 没有。
 Nǐ yǒu（　　　　　　　　　　　　　）ma? — Méiyou.

....

(3) 这个 菜 不 太（　　　　　　　　　　　）。
 Zhèige cài bú tài（　　　　　　　　　　　）.

....

4 | {　} 内の語句を使って、お互いに会話してみましょう。

A：（　　　　a　　　　） 在 哪儿？
 （　　　　　　　　　） zài nǎr?

B：（　　a　　） 在 （　　　b　　）。
 （　　　　　　） zài （　　　　　　）.

a.｛食堂 ／ 汉语 词典 ／ 洗手间｝
 shítáng ／ Hànyǔ cídiǎn ／ xǐshǒujiān

b.｛教室楼 的 后边儿 ／ 书包 里 ／ 那儿｝
 jiàoshìlóu de hòubianr ／ shūbāo li ／ nàr

 補 充 語 句

DL 72
CD1-72

【方位名詞（方位詞）】

	里 lǐ	外 wài	上 shàng	下 xià	前 qián	后 hòu	左 zuǒ	右 yòu
-边（儿）bian(r)	里边（儿）[中]	外边（儿）[外]	上边（儿）[上]	下边（儿）[下]	前边（儿）[前]	后边（儿）[後ろ]	左边（儿）[左]	右边（儿）[右]
-面（儿）miàn(r)	里面（儿）[中]	外面（儿）[外]	上面（儿）[上]	下面（儿）[下]	前面（儿）[前]	后面（儿）[後ろ]	左面（儿）[左]	右面（儿）[右]

「～の中」「～の上」と言うときには、"～里""～上"（ともに軽声）の形で多く用いられます。

例：图书馆里 túshūguǎn li ［図書館の中］

cf. 这边（儿）zhèbian(r) ［こちら］　　那边（儿）nàbian(r) ［あちら］
　　旁边（儿）pángbiān(r) ［そば］　　对面（儿）duìmiàn(r) ［向かい］

第4課 ペットも家族の一員

第4課のポイント 数字の言い方をしっかり覚えましょう。数字を量詞と組み合わせることによって、色々な事物を数えることができるようになります。

新出語句(1) 音声を聞いて、新出語句を発音してみましょう。

DL 73
CD1-73

1 家 jiā 名家

2 有 yǒu 動 いる；ある ☞ポ3

3 口 kǒu 量 家族の人数を数える

4 人 rén 名人

5 两 liǎng 数 2（量詞の前に用いる）

6 个 ge 量 個数を数える cf. 两个 [2個]

7 还 hái 副 さらに

8 只 zhī 量 動物を数える

9 猫 māo 名猫 cf. 一只猫 [1匹の猫]

10 咪咪 Mīmi ミーミー（ここでは猫の名前）

11 岁 suì 量 ～歳 ☞ポ5

12 非常 fēicháng 副 非常に

13 可爱 kě'ài 形 かわいい

14 手机 shǒujī 名 携帯電話

15 照片 zhàopiàn 名 写真

16 张 zhāng 量 平らな面を持つものを数える

17 宠物 chǒngwù 名 ペット

18 还是 háishi 接 それとも ☞ポ4

19 狗 gǒu 名犬

語句 チェック

DL 74
CD1-74

音声を聞いて、簡体字とピンインで書き取りましょう。

	(1)	(2)	(3)	(4)	(5)
簡体字					
ピンイン					

本文

野村さんはペットの猫が、かわいくてしかたがないようです。

DL 75
CD1-75

我　家　有　五　口　人，爸爸、妈妈、两　个
Wǒ　jiā　yǒu　wǔ　kǒu　rén,　bàba、　māma、　liǎng　ge

哥哥　和　我。我　家　还　有　一　只　猫，它
gēge　hé　wǒ.　Wǒ　jiā　hái　yǒu　yì　zhī　māo,　tā

叫　咪咪，咪咪　两　岁，非常　可爱。我　的
jiào　Mīmi,　Mīmi　liǎng　suì,　fēicháng　kě'ài.　Wǒ　de

手机　里　有　很　多　咪咪　的　照片，你　看
shǒujī　li　yǒu　hěn　duō　Mīmi　de　zhàopiàn,　nǐ　kàn

这　张　照片，很　可爱　吧？你　家　有　宠物
zhè　zhāng　zhàopiàn,　hěn　kě'ài　ba?　Nǐ　jiā　yǒu　chǒngwù

吗？你　喜欢　猫　还是　喜欢　狗？
ma?　Nǐ　xǐhuan　māo　háishi　xǐhuan　gǒu?

37

1 100 以上の数

cf. 0 ～ 99 は発音編で既出。

DL 76~78
CD1-76-78

100 一百 yìbǎi	101 一百 零 一 yìbǎi líng yī	114 一百 一十四 yìbǎi yīshisì
120 一百 二(十) yìbǎi èr(shí)	200 二百 / 两百 èrbǎi / liǎngbǎi	
999 九百 九十九 jiǔbǎi jiǔshijiǔ	1000 一千 yìqiān	1001 一千 零 一 yìqiān líng yī
1300 一千 三(百) yìqiān sān(bǎi)	2000 两千 liǎngqiān	10000 一万 yíwàn
10001 一万 零 一 yíwàn líng yī	25000 两万 五(千) liǎngwàn wǔ(qiān)	

2 量詞　数詞＋量詞＋名詞

一 个 学生 yí ge xuésheng	两 本 书 liǎng běn shū	三 条 路 sān tiáo lù
四 只 鸟 sì zhī niǎo	五 张 票 wǔ zhāng piào	六 杯 咖啡 liù bēi kāfēi

cf. 指示代詞 （＋数詞） ＋量詞＋名詞

这个 学生 zhèige xuésheng	那 两 本 书 nà liǎng běn shū

【量詞と名詞の組み合わせを覚えよう】

个 ge	人 [人] / 书包 [かばん] rén　　　shūbāo	本 běn	词典 [辞書] / 杂志 [雑誌] cídiǎn　　　zázhì
把 bǎ	伞 [かさ] / 椅子 [椅子] sǎn　　　yǐzi	条 tiáo	鱼 [魚] / 裤子 [ズボン] yú　　　kùzi
件 jiàn	衣服 [服] / 事 [事] yīfu　　　shì	张 zhāng	纸 [紙] / 桌子 [机] zhǐ　　　zhuōzi

3 存在表現（場所＋"有"＋人・物）　～に…がいる／ある

桌子 上 有 三 本 杂志。
Zhuōzi shang yǒu sān běn zázhì.

校园 里面 有 一 家 便利店。
Xiàoyuán lǐmiàn yǒu yì jiā biànlìdiàn.

他 家 有 电脑 吗？—没有。
Tā jiā yǒu diànnǎo ma? —Méiyou.

你 家 有 几 口 人？
Nǐ jiā yǒu jǐ kǒu rén?

这 附近 没有 洗手间。
Zhè fùjìn méiyou xǐshǒujiān.

> **ドリル**　次の日本語を中国語に訳しましょう。

(1) 机の上に 2 冊の辞書がある。　　　(2) 図書館の近くにコンビニが 3 軒ある。

....　　...

DL 79,80

CD1-79,80

4 選択疑問文

你 喝 橙汁 还是 喝 咖啡？
Nǐ hē chéngzhī háishi hē kāfēi?

他 是 美国 留学生 还是 英国 留学生？
Tā shì Měiguó liúxuéshēng háishi Yīngguó liúxuéshēng?

> **ドリル**　次の日本語を中国語に訳しましょう。

(1) 君はフランスに行くの、それともドイツに行くの？

....

(2) 彼はあなたの弟？それともお兄さん？

....

5 年齢の言い方

你 今年 多 大？　　　　　　—我 今年 十九。
Nǐ jīnnián duō dà?　　　　　— Wǒ jīnnián shíjiǔ.

你 爸爸 多 大 岁数？　　　—他 五十一 岁。
Nǐ bàba duō dà suìshu?　　 — Tā wǔshiyī suì.

她 孩子 几 岁？　　　　　　—四 岁。
Tā háizi jǐ suì?　　　　　　— Sì suì.

> **ドリル**　中国語で次の状況を表現してみましょう。

(1) 相手の母親の年齢を尋ねる。　　　(2) 小さな子どもに年を聞く。

....　　...

練習問題

1 日本語に合うように、（　　）内の語句を並べ替えましょう。

(1) この2冊の辞書はどちらも私のものではない。

这（ 两 / 不 / 本 / 都 / 是 / 词典 / 的 / 我 ）。

------

(2) あの服は高い。

（ 件 / 很 / 衣服 / 那 / 贵 ）。

------

(3) 椅子の上に猫が1匹いる。

（ 椅子 / 一 / 猫 / 上 / 只 / 有 ）。

------

2 次の日本語を中国語に訳しましょう。

(1) 君の家の近くに銀行はありますか。

------

(2) あなたはお父さんが好き？それともお母さんが好き？

------

(3) この傘は誰のですか。

新出語句(2)

DL 81
CD1-81

1 本 běn 量 冊（書籍を数える）
2 条 tiáo 量 細長いものを数える
3 路 lù 名 道
4 鸟 niǎo 名 鳥
5 票 piào 名 チケット；切符
6 杯 bēi 量 杯
　（液体の量をコップなどの容器で数える）
7 咖啡 kāfēi 名 コーヒー
8 上 shang 方位 ～の上；～の表面
9 家 jiā 量 商店や企業を数える

10 便利店 biànlìdiàn 名 コンビニエンスストア
11 几 jǐ 代 いくつ
　（通常、10未満の数を予想して尋ねる）
12 附近 fùjìn 名 付近
13 橙汁 chéngzhī 名 オレンジジュース
14 今年 jīnnián 代 今年
15 多大 duō dà 何歳か
16 岁数 suìshu 名 年齢；年
17 孩子 háizi 名 子ども

40

3 音声を聞いて空欄に簡体字とピンインを入れた上で、全文を日本語に訳しましょう。

DL 82

CD1-82

(1) 你 姐姐 今年 (　　　　　　　　　)？
　　 Nǐ jiějie jīnnián (　　　　　　　　　)?

....

(2) 里边儿 有 (　　　　　　　　　) 个 人。
　　 Lǐbianr yǒu (　　　　　　　　　) ge rén.

....

(3) 这 是 你 的 (　　　　　　) 还是 他 的？
　　 Zhè shì nǐ de (　　　　　　) háishi tā de?

....

4 (　　) 内に適切な中国語を入れた上で、会話練習をしてみましょう。

A: 你 家 有 几 口 人？
　　 Nǐ jiā yǒu jǐ kǒu rén?

B: (　　　　　　　　　　　　　　)。
　　 (　　　　　　　　　　　　　　).

A: 你 家 有 宠物 吗？
　　 Nǐ jiā yǒu chǒngwù ma?

B: (　　　　　　　　　　)，你 家 呢？
　　 (　　　　　　　　　　), nǐ jiā ne?

A: (　　　　　　　　　　)。
　　 (　　　　　　　　　　).

B: 你 喜欢 猫 还是 喜欢 狗？
　　 Nǐ xǐhuan māo háishi xǐhuan gǒu?

A: (　　　　　　　　　)。
　　 (　　　　　　　　　).

補 充 語 句

DL 83

CD1-83

【建物・場所】

公园 gōngyuán [公園]　　超市 chāoshì [スーパーマーケット]　　车站 chēzhàn [駅]

百货商店 bǎihuò shāngdiàn [デパート]　　电影院 diànyǐngyuàn [映画館]　　书店 shūdiàn [本屋]

第5課 誕生日のお祝い

第5課のポイント　年月日、曜日、時刻など時を表す語句はコミュニケーションには欠かせないものです。
まとめて出てきて覚えるのが大変でしょうが、頑張って習得しましょう。

新出語句(1)　音声を聞いて、新出語句を発音してみましょう。

DL 84
CD1-84

1　月 yuè　名 月（時間の単位）　☞ポ4

2　号 hào　量 日（日にちを表す）

3　生日 shēngrì　名 誕生日

4　送 sòng　動 贈る；プレゼントする
　　（二重目的語をとれる　☞ポ3）

5　了 le　助 動詞の後に置いて完了・実現を表す
　　　☞ポ2

6　支 zhī　量 棒状のものを数える

7　笔 bǐ　名 ペン

8　做 zuò　動 作る

9　在 zài　介 ～で（場所を表す）　☞ポ1

10　蛋糕店 dàngāodiàn　名 ケーキ屋

11　打工 dǎgōng　動 アルバイトをする

12　晚上 wǎnshang　名 夜；晚

13　点 diǎn　量 時（時間の単位）　☞ポ5

14　半 bàn　数 半分（時刻の場合は30分を表す）

15　才 cái　副 ようやく；やっと

16　回 huí　動 帰る　cf.回家［帰宅する］

17　给 gěi　動（人に物を）与える
　　（二重目的語をとれる　☞ポ3）

18　蛋糕 dàngāo　名 ケーキ
　　cf. 生日蛋糕 ［バースデーケーキ］

19　高兴 gāoxìng　形 うれしい

語句 チェック

音声を聞いて、簡体字とピンインで書き取りましょう。

DL 85
CD1-85

	(1)	(2)	(3)	(4)	(5)
簡体字					
ピンイン					

本文

今日は野村さんの誕生日です。家族みんなでお祝いしてくれるようです。

DL 86
CD1-86

今天 七月 十六 号，是 我 的 生日。
Jīntiān qīyuè shíliù hào, shì wǒ de shēngrì.

爸爸 送了 我 一 支 笔，妈妈 做了 很
Bàba sòngle wǒ yì zhī bǐ, māma zuòle hěn

多 菜。 我 哥哥 在 蛋糕店 打工，今天
duō cài. Wǒ gēge zài dàngāodiàn dǎgōng, jīntiān

晚上 八 点 半 才 回 家。 他 说，回了
wǎnshang bā diǎn bàn cái huí jiā. Tā shuō, huíle

家 给 我 一 个 生日 蛋糕。我 真 高兴！
jiā gěi wǒ yí ge shēngrì dàngāo. Wǒ zhēn gāoxìng!

你 的 生日 几 月 几 号？ 你 喜欢 吃
Nǐ de shēngrì jǐ yuè jǐ hào? Nǐ xǐhuan chī

蛋糕 吗？
dàngāo ma?

1 介詞（1）―"在"　　"在"＋場所＋動詞［～で…する］

DL 87~89
CD1-87-89

我 每 天 在 便利店 打工。
Wǒ měi tiān zài biànlìdiàn dǎgōng.

我 孩子 喜欢 在 公园 玩儿。
Wǒ háizi xǐhuan zài gōngyuán wánr.

你 父亲 在 哪儿 工作？
Nǐ fùqin zài nǎr gōngzuò?

我 母亲 平时 不 在 超市 买 东西。
Wǒ mǔqin píngshí bú zài chāoshì mǎi dōngxi.

> **ドリル** 次の日本語を中国語に訳しましょう。

(1) 私は図書館で本を読む（"看书"）のが好きだ。

(2) 君はふだんどこで買い物をしますか。

2 動作の完了・実現を表す助詞"了"

我 上午 喝了 两 杯 咖啡。
Wǒ shàngwǔ hēle liǎng bēi kāfēi.

我 昨天 在 书店 买了 一 本 杂志。
Wǒ zuótiān zài shūdiàn mǎile yì běn zázhì.

看了 电影，我们 去 百货 商店 吧。
Kànle diànyǐng, wǒmen qù bǎihuò shāngdiàn ba.

　完了・実現の否定には副詞"没（有）"を用います。このとき、動詞の後に"了"はつけません。

他 没（有）来 这儿。
Tā méi(you) lái zhèr.

> **ドリル** （　）内の語句を意味が通るように並べ替えた上で、日本語に訳しましょう。

(1) 她（ 买 / 东西 / 很 / 多 / 了 / 今天 ）。　(2) 我（ 没 / 电视 / 昨天 / 看 ）。

3 二重目的語　　動詞＋間接目的語（～に）＋直接目的語（…を）

我 给 你 一 张 票。
Wǒ gěi nǐ yì zhāng piào.

陈 老师 教 我们 汉语。
Chén lǎoshī jiāo wǒmen Hànyǔ.

我 告诉 你 一 件 事。
Wǒ gàosu nǐ yí jiàn shì.

> **ドリル** 次の日本語を中国語に訳しましょう。

(1) 君にこれ、あげるよ。　(2) 彼はあの件を私に言わなかった。

4 年月日・曜日の言い方

一 九 七 五 年　　二 〇 一 八 年　　　一月 二月 三月……十二月
yī jiǔ qī wǔ nián　　èr líng yī bā nián　　yīyuè èryuè sānyuè　　shí'èryuè

一 号　　二 号　　三 号……三十一 号
yī hào　　èr hào　　sān hào　　sānshiyī hào

星期一／二／三／四／五／六／{天／日}　　[月／火／水／木／金／土／日曜日]
xīngqīyī／èr／sān／sì／wǔ／liù／　{tiān／rì}

明天（是）七月 二十八 号。　　　今天 不 是 星期三，是 星期四。
Míngtiān (shì) qīyuè èrshibā　hào.　　　Jīntiān bú shì　xīngqīsān, shì　xīngqīsì.

今天（是）几 月 几 号 星期 几？
Jīntiān (shì) jǐ yuè jǐ hào xīngqī jǐ?

【覚えよう】

去年 qùnián [去年]　　今年 jīnnián [今年]　　明年 míngnián [来年]

上（个）月 shàng (ge) yuè [先月]　　这（个）月 zhèi (ge) yuè [今月]

下（个）月 xià (ge) yuè [来月]

上（个）星期 shàng (ge) xīngqī [先週]　　这（个）星期 zhèi (ge) xīngqī [今週]

下（个）星期 xià (ge) xīngqī [来週]　　前天 qiántiān [おととい]　　昨天 zuótiān [昨日]

今天 jīntiān [今日]　　明天 míngtiān [明日]　　后天 hòutiān [あさって]

※ "这（个）月" は "个" を付けた "这个月" の形で多く用いられます。

5 時刻の言い方

1：00　一 点　　　2：00　两 点　　2：02　两 点 零 二 分
　　　　yì diǎn　　　　　　　liǎng diǎn　　　　　　liǎng diǎn líng èr fēn

4：15　四 点 一 刻（／十五 分）　　6：30　六 点 半（／三十 分）
　　　sì diǎn yí kè （／shíwǔ fēn）　　　liù diǎn bàn （／sānshí fēn）

8：45　八 点 三 刻（／四十五 分）
　　　bā diǎn sān kè　（／sìshiwǔ fēn）

10：57　差 三 分 十一 点（／十 点 五十七 分）
　　　chà sān fēn　shíyī diǎn （／shí diǎn wǔshiqī fēn）

※ "一点" は yī diǎn とも発音します。

现在 几 点？— 现在 三 点。
Xiànzài jǐ diǎn?　— Xiànzài sān diǎn.

cf. 時間の長さ

一 个 小时 yí ge xiǎoshí [1 時間]　　两 个 半 小时 liǎng ge bàn xiǎoshí [2 時間半]

半 个 小时 bàn ge xiǎoshí [30 分間]

練習問題

1 日本語に合うように、（　）内の語句を並べ替えましょう。

(1) 君の妹の誕生日は何月何日ですか。
（ 妹妹 / 几号 / 的 / 你 / 几月 / 生日 ）?

_____

(2) 君に辞書を1冊プレゼントするよ。
（ 我 / 你 / 一 / 吧 / 本 / 送 / 词典 ）。

_____

(3) 私は映画館で映画を見るのが好きだ。
（ 电影院 / 我 / 看 / 喜欢 / 电影 / 在 ）。

_____

2 次の日本語を中国語に訳しましょう。

(1) 今日って何曜日？

_____

(2) 昨日は17日だよね？

_____

(3) 君、ふだんどこでアルバイトしてるの？

_____

新出語句(2)

DL 92
CD1-92

1 每天 měi tiān 每日
2 玩儿 wánr 動 遊ぶ
3 工作 gōngzuò 動 働く
4 平时 píngshí 名 ふだん
5 买 mǎi 動 買う
6 东西 dōngxi 名 物；品物　cf. 买东西［買い物をする］
7 上午 shàngwǔ 名 午前
8 昨天 zuótiān 名 昨日
9 没（有） méi(you) 副 ～しなかった：～していない

10 教 jiāo 動 教える（二重目的語をとれる）
11 告诉 gàosu 動 告げる；知らせる（二重目的語をとれる）
12 年 nián 名 年
13 星期 xīngqī 名 ①曜日　②週；週間
14 明天 míngtiān 名 明日
15 分 fēn 量 分（時間の単位）
16 刻 kè 量 15分
17 差 chà 動 足りない
18 小时 xiǎoshí 名 時間（時を数える単位）

46

第5課

3 音声を聞いて空欄に簡体字とピンインを入れた上で、全文を日本語に訳しましょう。

DL 93
CD1-93

(1) 现在（　　　　　　　）点（　　　　　　　）分。
Xiànzài（　　　　　　　）diǎn（　　　　　　　）fēn.

....

(2) 你（　　　　　　　）去 还是（　　　　　　　）去？
Nǐ（　　　　　　　）qù　háishi（　　　　　　　）qù?

....

(3) 买（　　　　　　　）东西，我们 回 家 吧。
Mǎi（　　　　　　　）dōngxi, wǒmen huí jiā ba.

....

4 次の質問に中国語で答えてみましょう。

(1) 你 星期 几 有 汉语 课？
Nǐ xīngqī　jǐ　yǒu　Hànyǔ kè?

....

(2) 你 今天 晚上 几 点 回 家？
Nǐ jīntiān wǎnshang jǐ diǎn huí jiā?

....

(3) 我 每天 在 超市 打工，你 呢？
Wǒ měitiān zài chāoshì dǎgōng, nǐ　ne?

....

（回答例：私もスーパーでアルバイトをしています。／私はコンビニで…）

補 充 語 句

DL 94
CD1-94

【果物】

苹果 píngguǒ ［リンゴ］　　草莓 cǎoméi ［イチゴ］　　香蕉 xiāngjiāo ［バナナ］

橘子 júzi ［ミカン］　　葡萄 pútao ［ブドウ］

第6課　遠距離通学

第6課のポイント 第5課では動詞の後に置かれて「動作の完了・実現」を表す"了"を学びました。本課では文末に置かれる、もう1つ別の"了"の用法を学びます。両者をうまく使いこなせるかが、中国語運用の重要なポイントの1つとなります。

新出語句(1)　音声を聞いて、新出語句を発音してみましょう。

DL 95
CD2-01

1　前 qián　[方位]（時間的に）前；以前
2　还 hái　[副] まだ
3　高中生 gāozhōngshēng　[名] 高校生
4　已经 yǐjīng　[副] すでに；もう
5　了 le　[助] ～した；～なった
　　（変化・新たな状況の発生を表す）☞ポ1
6　可是 kěshì　[接] しかし；でも
7　离 lí　[介] ～から（距離を表す）☞ポ3
8　远 yuǎn　[形] 遠い
9　从 cóng　[介] ～から（起点を表す）☞ポ3
10　到 dào　[動] 至る；到達する
　　cf. 从～到…［～から…まで］

11　学校 xuéxiào　[名] 学校
12　需要 xūyào　[動] 必要とする
13　常常 chángcháng　[副] いつも；よく
14　电车 diànchē　[名] 電車
15　睡觉 shuìjiào　[動] 寝る
16　想 xiǎng　[助動] ～したい　☞ポ2
17　搬家 bānjiā　[動] 引っ越す
18　多 duō　[副] どれくらい～　☞ポ4

語句 チェック

音声を聞いて、簡体字とピンインで書き取りましょう。

DL 96
CD2-02

	(1)	(2)	(3)	(4)	(5)
簡体字					
ピンイン					

本文

野村さんは自宅生です。家から大学まで遠く、時間がかかるのが悩みの種です。

DL 97
CD2-03

一 年 前， 我 还 是 一 个 高中生，
Yì nián qián, wǒ hái shì yí ge gāozhōngshēng,

现在， 我 已经 是 大学生 了。 我 很 喜欢
xiànzài, wǒ yǐjīng shì dàxuéshēng le. Wǒ hěn xǐhuan

我 的 大学， 可是， 大学 离 我 家 很 远，
wǒ de dàxué, kěshì, dàxué lí wǒ jiā hěn yuǎn,

从 我 家 到 学校 需要 两 个 小时。 我
cóng wǒ jiā dào xuéxiào xūyào liǎng ge xiǎoshí. Wǒ

常常 在 电车 里 睡觉。 我 想 搬家。 你
chángcháng zài diànchē li shuìjiào. Wǒ xiǎng bānjiā. Nǐ

家 离 学校 多 远？ 你 想 不 想 搬家？
jiā lí xuéxiào duō yuǎn? Nǐ xiǎng bu xiǎng bānjiā?

两个小时

49

1 変化・新たな状況の発生を表す助詞"了"

DL 98~100

CD2-04~06

文末に置かれます。動詞の後につく"了"（☞第5課ポ2）と区別されます。

已经 七月 了。　　　　　　八 点 了，我们 回 家 吧。
Yǐjīng qīyuè le.　　　　　　Bā diǎn le, wǒmen huí jiā ba.

明天 我 不 去 图书馆 了。
Míngtiān wǒ bú qù túshūguǎn le.

ドリル　日本語に合うように、（　　）内の語句を並べ替えましょう。

⑴ 私はもう20歳になった。　　　　　⑵ 今何時（になった）？
（已经 / 岁 / 我 / 了 / 二十）。　　　（几 / 了 / 点 / 现在）？

2 願望を表す助動詞"想 / 要"　　〜したい

你 将来 想 做 什么 工作？　　— 我 想 当 公务员。
Nǐ jiānglái xiǎng zuò shénme gōngzuò?　— Wǒ xiǎng dāng gōngwùyuán.

我 想 问 你 一 个 问题。
Wǒ xiǎng wèn nǐ yí ge wèntí.

你 要 吃 香蕉 吗？　　　　　— 我 不 想 吃。
Nǐ yào chī xiāngjiāo ma?　　　— Wǒ bù xiǎng chī.

我 很 想 看 韩国 电影。
Wǒ hěn xiǎng kàn Hánguó diànyǐng.

"不要"は「〜してはいけない」という禁止の意味です。　　☞第7課ポ4

你 不要 在 这儿 吃 东西。
Nǐ búyào zài zhèr chī dōngxi.

ドリル　次の日本語を中国語に訳しましょう。

⑴ あなたは何が飲みたいですか。　　　⑵ 今、私はご飯を食べたくない。

3 介詞（2）—"离 / 从"ほか

离 lí【〜から（距離）】　　A 离 B + 远 / 近 ［A は B から遠い／近い］

便利店 离 我 家 很 近。
Biànlìdiàn lí wǒ jiā hěn jìn.

从 cóng【〜から（起点）】

暑假 从 什么 时候 开始？
Shǔjià cóng shénme shíhou kāishǐ?

我 明天 从 九 点 到 十一 点 有 课。
Wǒ míngtiān cóng jiǔ diǎn dào shíyī diǎn yǒu kè.

给 gěi【～に（行為の受け手）】　"给"＋目的語＋動詞［～に…する］

今天 晚上 我 给 你 打 电话 吧。
Jīntiān wǎnshang wǒ gěi nǐ dǎ diànhuà ba.

> **ドリル**　次の日本語を中国語に訳しましょう。

(1) 銀行は君の家から近いですか。　　(2) 私は彼に電話したくない。

....　..

4 "多"＋形容詞　　どのくらい～

DL 101,102
CD2-07,08

车站 离 这儿（有）多 远？　　从 你 家 到 大学 需要 多 长 时间？
Chēzhàn lí zhèr (yǒu) duō yuǎn?　　Cóng nǐ jiā dào dàxué xūyào duō cháng shíjiān?

你（有）多 重？— 我 六十 公斤。
Nǐ (yǒu) duō zhòng? — Wǒ liùshí gōngjīn.

cf. 你 今年 多 大（了）?　　☞第4課ポ5
Nǐ jīnnián duō dà (le)?

> **ドリル**　次の日本語の下線部を中国語にしましょう。

(1) 富士山はどのくらい高いですか。　　(2) 黄河はどれくらい長いですか。

　　富士山 (Fùshìshān) ....？　黄河 (Huánghé) ....？

5 反復疑問文

他 是 不 是 中国人？　　 — 他 是 中国人。
Tā shì bu shì Zhōngguórén?　　 — Tā shì Zhōngguórén.

你 有 没有 电子 词典？　　 — 有。
Nǐ yǒu méiyou diànzǐ cídiǎn?　　 — Yǒu.

你 最近 忙 不 忙？　　 — 不 太 忙。
Nǐ zuìjìn máng bu máng?　　 — Bú tài máng.

你 想 不 想 喝 咖啡？　　 — 想 喝。
Nǐ xiǎng bu xiǎng hē kāfēi?　　 — Xiǎng hē.

> **ドリル**　次の日本語を中国語に訳しましょう（反復疑問の形で）。

(1) これは君のテキストですか。　　(2) 君には弟がいます（"有"）か。

....　..

1 日本語に合うように、（　　）内の語句を並べ替えましょう。

(1) ここから郵便局までどのくらい遠いですか。

从（远 / 有 / 邮局 / 多 / 这儿 / 到）?

_____

(2) あなたは将来、何になりたいですか。

你（当 / 将来 / 什么 / 想）?

_____

(3) 私は彼に手紙を書きたくない。

我（他 / 给 / 不 / 写信 / 想）。

_____

2 次の日本語を中国語に訳しましょう。

(1) 君の弟は背がすごく高い（"高"）けど、身長はどのくらいあるの？

_____

(2) あなたはパンを食べますか。（反復疑問の形で）― 食べます。

_____

(3) 私たちの大学は駅からあまり遠くない。

_____

新出語句(2)

DL 103

CD2-09

1 要 yào 〔助動〕 ～したい
2 将来 jiānglái 〔名〕将来
3 做 zuò 〔動〕する cf. 做工作［仕事をする］
4 当 dāng 〔動〕～になる
5 公务员 gōngwùyuán 〔名〕公務員
6 问 wèn 〔動〕尋ねる（二重目的語をとれる）
7 问题 wèntí 〔名〕問題；質問
8 不要 búyào 〔副〕～してはいけない
9 近 jìn 〔形〕近い

10 暑假 shǔjià 〔名〕夏休み
11 什么时候 shénme shíhou いつ
12 开始 kāishǐ 〔動〕始まる
13 给 gěi 〔介〕～に（行為の受け手を導く）
14 打电话 dǎ diànhuà 電話をかける
15 时间 shíjiān 〔名〕時間
16 重 zhòng 〔形〕重い
17 公斤 gōngjīn 〔量〕キログラム
18 最近 zuìjìn 〔名〕最近

3 | 音声を聞いて空欄に簡体字とピンインを入れた上で、全文を日本語に訳しましょう。

DL 104
CD2-10

(1) 我 今年（　　　　　　　　）了。
　　Wǒ jīnnián（　　　　　　　　）le.

....

(2) 你（　　　　　　　　）看 这 本 杂志？
　　Nǐ（　　　　　　　　）kàn zhè běn zázhì?

....

(3) 暑假 从（　　　　　　　　）开始。
　　Shǔjià cóng（　　　　　　　　）kāishǐ.

....

4 | {　　} 内の語句を参考に、会話練習をしてみましょう。

A: 你 家 离 学 校 远 不 远？
　　Nǐ jiā lí xuéxiào yuǎn bu yuǎn?

B: 我 家 离 学 校 {很 远 / 不 远}。
　　Wǒ jiā lí xuéxiào { hěn yuǎn / bù yuǎn }.

A: 从 你 家 到 学校 需要 多 长 时间？
　　Cóng nǐ jiā dào xuéxiào xūyào duō cháng shíjiān?

B:（从 我 家 到 学 校）需要 {两 / 一 / 半} 个 小时。
　　(Cóng wǒ jiā dào xuéxiào) xūyào { liǎng / yí / bàn }　ge xiǎoshí.

A: 你 想 搬家 吗？
　　Nǐ xiǎng bānjiā ma?

B: {我 想 搬家 / 我 不 想 搬家}。
　　{ Wǒ xiǎng bānjiā / Wǒ bù xiǎng bānjiā }.

補 充 語 句

DL 105

CD2-11

【職業】

我 想 当（英语 老师）。
Wǒ xiǎng dāng (Yīngyǔ lǎoshī).

律师 lùshī [弁護士]　　教师 jiàoshī [教員]　　工程师 gōngchéngshī [エンジニア]

医生 yīshēng [医者]　　护士 hùshi [看護師]　　足球运动员 zúqiú yùndòngyuán [サッカー選手]

北京のベストシーズンは？

今回は過去の経験を語ったり、2つの事物を比べたりする表現を学びます。「ちょっと」の意味を表す語の使い分けについても注意しましょう。

新出語句(1) 音声を聞いて、新出語句を発音してみましょう。

DL 106
CD2-12

1 过 guo 助 〜したことがある（経験を表す） ☞ポ1

2 上海 Shànghǎi 名 上海

3 听说 tīngshuō 動 （話を）聞いている；〜だそうだ

4 冬天 dōngtiān 名 冬

5 有点儿 yǒudiǎnr 副 ちょっと ☞ポ3

6 所以 suǒyǐ 接 だから

7 打算 dǎsuan 動 〜するつもりである

8 但是 dànshì 接 しかし；でも

9 夏天 xiàtiān 名 夏

10 比 bǐ 介 〜と比べて；〜より ☞ポ2

11 别 bié 副 〜するな（禁止を表す） ☞ポ4

12 意见 yìjian 名 意見

13 怎么样 zěnmeyàng 代 どうですか（相手の意見を聞く）

14 还有 háiyǒu 接 それから；そして

15 机票 jīpiào 名 航空券

16 多少 duōshao 代 いくつ；どのくらい

17 钱 qián 名 お金；貨幣 cf. 多少钱？［いくらですか。］

18 请 qǐng 動 どうぞ（〜してください）

19 〜，好吗？ hǎo ma? いいですか（"好"は「よろしい」の意味）

語句 チェック

音声を聞いて、簡体字とピンインで書き取りましょう。

DL 107
CD2-13

	(1)	(2)	(3)	(4)	(5)
簡体字					
ピンイン					

本文

北京に行ってみたいのですが…。どの季節に行くのがいいのでしょうか。

DL 108

CD2-14

我　去过　上海，还　没　去过　北京。　我
Wǒ　qùguo　Shànghǎi,　hái　méi　qùguo　Běijīng.　Wǒ

很　想　去　北京。　听说　北京　的　冬天
hěn　xiǎng　qù　Běijīng.　Tīngshuō　Běijīng　de　dōngtiān

有点儿　冷，所以　我　打算　暑假　去。但是
yǒudiǎnr　lěng,　suǒyǐ　wǒ　dǎsuan　shǔjià　qù.　Dànshì

我　的　中国　朋友　说，北京　的　夏天　比
wǒ　de　Zhōngguó　péngyou　shuō,　Běijīng　de　xiàtiān　bǐ

日本　热，夏天　别　去　北京。你　的　意见
Rìběn　rè,　xiàtiān　bié　qù　Běijīng.　Nǐ　de　yìjian

怎么样？　还有，到　北京　的　机票　多少　钱？
zěnmeyàng?　Háiyǒu,　dào　Běijīng　de　jīpiào　duōshao　qián?

请　告诉　我，好　吗？
Qǐng　gàosu　wǒ,　hǎo　ma?

DL 109~111

CD2-15~17

1 経験を表す助詞"过"

我 以前 学过 韩语。
Wǒ yǐqián xuéguo Hányǔ.

我 还 没(有) 去过 迪士尼 乐园。
Wǒ hái méi(you) qùguo Díshìní Lèyuán.

你 看过 京剧 吗？— 看过。／没有。／没(有) 看过。
Nǐ kànguo jīngjù ma? — Kànguo. / Méiyou. / Méi(you) kànguo.

他 来过 这儿 没有？　　※反復疑問の形です。
Tā láiguo zhèr méiyou?

　経験の回数を表す場合は、通常、「動詞＋"过"＋回数＋目的語」の語順となります（☞第9課ポ4）。

我 吃过 一 次 北京 烤鸭。
Wǒ chīguo yí cì Běijīng kǎoyā.

> ドリル　次の日本語を中国語に訳しましょう。

⑴ 私はフランス映画を2回見たことがある。　⑵ 私はまだ中国に行ったことがない。

2 比較の表現

A＋"比"＋B＋形容詞（＋差量）　　AはBより（どれほど）〜だ

我 比 她 大。
Wǒ bǐ tā dà.

我 哥哥 比 我 高 五 公分。
Wǒ gēge bǐ wǒ gāo wǔ gōngfēn.

A＋"没有"＋B（＋"这么 / 那么"）＋形容詞　　AはBほど（こんなに／あんなに）〜ではない

我 的 汉语 没有 他 (那么) 好。
Wǒ de Hànyǔ méiyou tā (nàme) hǎo.

A＋"跟"＋B＋"一样"＋形容詞　　AはBと同じくらい〜だ

她 跟 我 一样 高。
Tā gēn wǒ yíyàng gāo.

> ドリル　日本語に合うように、（　）内の語句を並べ替えましょう。

⑴ 彼は私より2歳年上だ。　　⑵ 今日は昨日ほど寒くない。

　（ 比 / 岁 / 两 / 大 / 我 / 他 ）。　　（ 冷 / 那么 / 昨天 / 没有 / 今天 ）。

3 "有点儿"と"一点儿"　　2つの「ちょっと」

"有点儿"＋形容詞・動詞（フレーズ）　　※多く不本意な事態に用いられます。

这个 菜 有点儿 辣。
Zhèige cài yǒudiǎnr là.

她 有点儿 生气。
Tā yǒudiǎnr shēngqì.

形容詞＋"一点儿"　※何かと比較してその差が小さいことを表します。

这个　比　那个　便宜　(一)点儿。　　　请　慢　(一)点儿　说。
Zhèige bǐ　nèige piányi　(yì)diǎnr.　　　Qǐng màn　(yì)diǎnr　shuō.

※"一点儿"の"一"は往々にして省略されます。

cf. 比較してみましょう。　　今天有点儿热。

今天比昨天热一点儿。

ドリル　次の日本語を中国語に訳しましょう。

(1) 私は今ちょっと忙しい。　　　　　(2) この服はあの服より値段がちょっと高い。

─────────────────────　　　　　─────────────────────

DL 112,113

CD2-18,19

4 禁止を表す副詞"別 / 不要"

在　图书馆　里，别　吃　东西。　　　吃　饭　的　时候，不要　看　电视。
Zài túshūguǎn li,　bié chī dōngxi.　　　Chī fàn de shíhou, búyào kàn diànshì.

"别～了"や"不要～了"の形で、動作の中止・中断を求めることができます。

别　那么　生气　了！
Bié nàme shēngqì le!

ドリル　次の日本語を中国語に訳しましょう。

(1) もう飲まないで！　　　　　　　(2) この近く（"附近"）で遊んではいけない。

─────────────────────　　　─────────────────────

5 お金の言い方

書き言葉	元 yuán	角 jiǎo	分 fēn
話し言葉	块 kuài	毛 máo	分 fēn

1元 ＝10角 ＝100分

1元：一　块（钱）　　2.2元：两　块　二（毛）　　198元：一　百　九十八　块（钱）
　　 yí kuài (qián)　　　　 liǎng kuài èr (máo)　　　　 yì　bǎi jiǔshibā kuài (qián)

这个　多少　钱？ ─ 二十四　块　八　毛（钱）。
Zhèige duōshao qián? ─ Èrshisì　kuài bā máo (qián).

ドリル　次の金額を中国語で表現しましょう。

(1) 9.8元　　　(2) 3.56元　　　(3) 210元　　　(4) 1000元　　　(5) 0.4元

─────────　────────　──────────　──────────　　───────────

1 日本語に合うように、（　　）内の語句を並べ替えましょう。

(1) あなたはここで遊んではいけない。
　　你（ 在 / 别 / 玩儿 / 这儿 ）。

(2) これはあれと同じ値段だ。　　　　　　ヒント：「同じくらい高い」と考えます。
　　这个（ 贵 / 跟 / 一样 / 那个 ）。

(3) 私の父は私より少し背が低い。
　　我（ 比 / 父亲 / 我 / 一点儿 / 矮 ）。

2 次の日本語を中国語に訳しましょう。

(1) このリンゴは私のだから、（あなたは）食べないで。

(2) 私は兄よりも3歳年下（"小"）だ。

(3) 君は北京ダックを食べたことがありますか。（反復疑問の形で）

新出語句⑵

DL 114
CD2-20

1 以前 yǐqián 名 以前
2 学 xué 動 学ぶ
3 迪士尼乐园 Díshìní Lèyuán
　　　ディズニーランド
4 京剧 jīngjù 名 京劇
5 次 cì 量 回；度
6 北京烤鸭 Běijīng kǎoyā 北京ダック
7 公分 gōngfēn 量 センチメートル

8 这么 zhème 代 こんなに；そんなに
9 那么 nàme 代 あんなに；そんなに
10 跟～一样 gēn～yíyàng ～と同じだ
11 一点儿 yìdiǎnr 数量 少し
12 辣 là 形 辛い
13 生气 shēngqì 動 怒る；腹を立てる
14 慢 màn 形 （速度が）遅い
15 时候 shíhou 名 時

58

🎧 DL 115
💿 CD2-21

3 音声を聞いて空欄に簡体字とピンインを入れた上で、全文を日本語に訳しましょう。

(1) 你 的 这个 电脑（ 　　　　　　　　　　）？
Nǐ de zhèige diànnǎo（ 　　　　　　　　　　）?

(2) （ 　　　　　　　　　　）他 有 两 个 弟弟。
（ 　　　　　　　　　　） tā yǒu liǎng ge dìdi.

(3) 我（ 　　　　　　　　　）他 那么 忙。
Wǒ（ 　　　　　　　　　） tā nàme máng.

🎧 DL 116
💿 CD2-22

4 日本語訳をヒントに、（ 　）内に適切な中国語を入れた上で、音声を聞いて確認して会話練習をしてみましょう。

A：（ 　　　　　　　　　　　　　　　　）？［君は北京に行ったことはありますか。］
（ 　　　　　　　　　　　　　　）?

B：我 没 去过 北京。［私は北京に行ったことはありません。］
Wǒ méi qùguo Běijīng.

A：（ 　　　　　　　　　　　　　　　）？［北京に行きたい？］
（ 　　　　　　　　　　　　　　）?

B：我 想 去 北京。（ 　　　　　　　　　　　）？
　　　　　　　　　　　　　　［北京に行きたいです。北京の冬は寒いですか。］
Wǒ xiǎng qù Běijīng.（ 　　　　　　　　　　　）?

A：北京 的 冬天 有点儿 冷。［北京の冬はちょっと寒いです。］
Běijīng de dōngtiān yǒudiǎnr lěng.

🐼 補 充 語 句

🎧 DL 117
💿 CD2-23

【外来語】

音訳：巴士 bāshì［バス］、卡拉OK kǎlā OK［カラオケ］、麦当劳 Màidāngláo［マクドナルド］

意訳：电脑 diànnǎo［コンピューター］、热狗 règǒu［ホットドッグ］

音義融合：奔驰 Bēnchí［ベンツ］、可口可乐 Kěkǒu kělè［コカ・コーラ］

第8課　中国語の勉強

第8課のポイント　ここまで学んできた様々な動詞を使って、「～できる／できない」を表現してみましょう。中国語の可能表現には助動詞だけでなく可能補語（第13課）を用いた形もありますが、まずは可能を表す助動詞3種の使い分けをマスターしましょう。

新出語句(1)　音声を聞いて、新出語句を発音してみましょう。

DL 118
CD2-24

1 在 zài 　副 ～しているところだ（進行を表す）
　　☞ポ3

2 学习 xuéxí 　動 勉強する

3 越～越… yuè~yuè… 　～すればするほど…
　　☞ポ5

4 会 huì 　助動 ①～できる　②～だろう；
　　～のはずだ　☞ポ1

5 一些 yìxiē 　数量 いくつか；いくらか

6 简单 jiǎndān 　形 簡単である

7 日常 rìcháng 　形 日常の

8 会话 huìhuà 　名 会話

9 旅游 lǚyóu 　動 旅行する

10 能 néng 　助動 ～できる　☞ポ1

11 放 fàng 　動 休みになる

12 春假 chūnjià 　名 春休み

13 要 yào 　助動 ～するつもりだ（意志を表す）

14 许多 xǔduō 　数 たくさんの

15 名胜古迹 míngshèng gǔjì 　名所旧跡

16 ～，是吗？ shì ma? 　そう（なん）ですか
（確認するのに用いる）

17 介绍 jièshào 　動 紹介する

語句 チェック

音声を聞いて、簡体字とピンインで書き取りましょう。

DL 119
CD2-25

	(1)	(2)	(3)	(4)	(5)
簡体字					
ピンイン					

中国語が少しできるようになり、野村さんは勉強がますます面白くなってきました。

DL 120
CD2-26

第8課

我	在	学习	汉语。	汉语	有点儿	难,
Wǒ	zài	xuéxí	Hànyǔ.	Hànyǔ	yǒudiǎnr	nán,

可是	越	学	越	有	意思。	现在,	我	已经
kěshì	yuè	xué	yuè	yǒu	yìsi.	Xiànzài,	wǒ	yǐjīng

会	说	一些	简单	的	日常	会话	了。	我
huì	shuō	yìxiē	jiǎndān	de	rìcháng	huìhuà	le.	Wǒ

很	想	去	北京	旅游,	可是	现在	没有
hěn	xiǎng	qù	Běijīng	lǚyóu,	kěshì	xiànzài	méiyou

时间,	不	能	去。	放了	春假,	我	一定	要
shíjiān,	bù	néng	qù.	Fàngle	chūnjià,	wǒ	yídìng	yào

去。	听说	北京	有	许多	名胜	古迹,	是	吗?
qù.	Tīngshuō	Běijīng	yǒu	xǔduō	míngshèng	gǔjì,	shì	ma?

你	给	我	介绍介绍	吧。
Nǐ	gěi	wǒ	jièshàojieshao	ba.

DL 121,122

CD2-27,28

1 可能を表す助動詞 "会 / 能 / 可以"

"会" … 技能を習得して「できる」

他 会 说 英语, 也 会 说 汉语。　　　　我 不 会 开车。
Tā huì shuō Yīngyǔ, yě huì shuō Hànyǔ.　　Wǒ bú huì kāichē.

你 会 不 会 弹 钢琴？— 会。/ 不 会。
Nǐ huì bu huì tán gāngqín? — Huì. / Bú huì.

可能性を表す "会"　　〜だろう；〜のはずだ

你 一定 会 喜欢 这个 礼物 的。
Nǐ yídìng huì xǐhuan zhèige lǐwù de.

※この用法では、文末に確定の語気を表す "的" が多く用いられます。

"能" … 能力や条件が備わっていて「できる」

我 能 游 一千 米。
Wǒ néng yóu yìqiān mǐ.

明天 你 能 来 吗？— 明天 我 有 事, 不 能 来。
Míngtiān nǐ néng lái ma? — Míngtiān wǒ yǒu shì, bù néng lái.

"不能" は禁止を表すこともあります。

你 不 能 再 迟到 了。
Nǐ bù néng zài chídào le.

"可以" … 許可や条件があって差し障りなく「できる」 → 〜しても構わない；〜してよい

这儿 可以 拍照 吗？— 可以。/ 不 可以。/ 不行。
Zhèr kěyǐ pāizhào ma? — Kěyǐ. / Bù kěyǐ. / Bùxíng.

你 不 可以 在 电车 里 打 电话。
Nǐ bù kěyǐ zài diànchē li dǎ diànhuà.

> **ドリル** 次の日本語を中国語に訳しましょう。

(1) 彼は日本語があまり話せません。　(2) 図書館の中では電話をかけることはできません。
　　ヒント：あまり〜ない：不太

2 連動文　V_1（＋O_1）＋V_2（＋O_2）

① V_2 が V_1 の目的を表す

咱们 去 吃 饭 吧。　　　　他 想 来 日本 学 日语。
Zánmen qù chī fàn ba.　　Tā xiǎng lái Rìběn xué Rìyǔ.

② V_1 が V_2 の手段・方式を表す

我 每 天 坐 地铁 来 学校。
Wǒ měi tiān zuò dìtiě lái xuéxiào.

> **ドリル**　日本語に合うように、（　　）内の語句を並べ替えましょう。

(1) 私は午後スーパーに買い物に行きます。 (2) 私たちはバスで行くけど、君は（どうする）？

我 (超市 / 东西 / 下午 / 买 / 去)。 (坐 / 我们 / 你 / 巴士 / 呢 / 去 / ,)?

DL 123~125
CD2-29-31

3　進行の表現　　"在 / 正在" +動詞フレーズ（+ "呢"）

她 在 干 什么?　　　　　— 她 正在 上课 呢。
Tā zài gàn shénme?　　　— Tā zhèngzài shàngkè ne.

你 哥哥 在 学习 吗?　　— 他 没 在 学习, 在 睡觉 呢。
Nǐ gēge zài xuéxí ma?　　— Tā méi zài xuéxí, zài shuìjiào ne.

"呢"だけで用いることもできます。

你 现在 干 什么 呢?　　— 我 看 电视 呢。
Nǐ xiànzài gàn shénme ne?　　— Wǒ kàn diànshì ne.

> **ドリル**　次の日本語を中国語に訳しましょう。

(1) 私はちょうど手紙を書いているところです。　(2) 彼女は今電話中です。

4　動詞の重ね型　　ちょっと〜する

我 可以 看看 你 的 手机 吗?　　　我们 在 这儿 休息休息 吧。
Wǒ kěyǐ kànkan nǐ de shǒujī ma?　　Wǒmen zài zhèr xiūxixiuxi ba.

> **ドリル**　次の日本語を中国語に訳しましょう。

(1) これをちょっと見て。　(2) あなたの意見をちょっと言ってみてください。

5　"越〜越…"　　〜すればするほど…

雨 越 下 越 大 了。　　　　汉语 越 学 越 难。
Yǔ yuè xià yuè dà le.　　　Hànyǔ yuè xué yuè nán.

"越来越"は「ますます〜」という意味を表します。

我 越 来 越 喜欢 他 了。
Wǒ yuè lái yuè xǐhuan tā le.

> **ドリル**　次の日本語を中国語に訳しましょう。

(1) 最近ますます寒くなった。　(2) この本は読めば（"看"）読むほど面白い。

1 | 日本語に合うように、（　　）内の語句を並べ替えましょう。

(1) 最近、中国人留学生がますます増えた。
최近 （ 留学生 / 中国 / 越来越 / 了 / 多 ）。

(2) 明日、彼はきっと来る。
明天 （ 会 / 他 / 的 / 来 / 一定 ）。

(3) 君は何をしているの？
（ 呢 / 你 / 什么 / 在 / 做 ）?

2 | 次の日本語を中国語に訳しましょう。

(1) 私は公園に遊びに行きたい。

(2) ちょっと張（张 Zhāng）先生に聞いて（"问"）みれば。

(3) 君、もう家に帰ってもいいよ。　　　　ヒント：「もう」の部分には変化が表されています。

新出語句(2)

DL 126
CD2-32

1 可以 kěyǐ 助動 〜できる（可能・許可を表す）
2 开车 kāichē 動 車を運転する
3 弹钢琴 tán gāngqín ピアノを弾く
4 礼物 lǐwù 名 プレゼント
5 游 yóu 動 泳ぐ
6 米 mǐ 量 メートル
7 再 zài 副 再び
8 迟到 chídào 動 遅れる；遅刻する
9 拍照 pāizhào 動 写真を撮る
10 不行 bùxíng 動 だめだ

11 坐 zuò 動 （乗り物に）乗る
12 地铁 dìtiě 名 地下鉄
13 正在 zhèngzài 副 ちょうど〜している
14 呢 ne 助 状態の持続を表す
15 干 gàn 動 する；やる
16 上课 shàngkè 動 授業に出る
17 休息 xiūxi 動 休む；休憩する
18 雨 yǔ 名 雨
19 下 xià 動 （雨や雪が）降る

3 音声を聞いて空欄に簡体字とピンインを入れた上で、全文を日本語に訳しましょう。

DL 127
CD2-33

(1) 这 本 书 很 有 意思, 你 也 (　　　　　　　　) 吧。
Zhè běn shū hěn yǒu yìsi, nǐ yě (　　　　　　　) ba.

....

(2) 听说 你 上 个 月 搬家 了, (　　　　　　　　) ?
Tīngshuō nǐ shàng ge yuè bānjiā le, (　　　　　　) ?

....

(3) 后天 我们 一起 去 看 电影, (　　　　　　　) ?
Hòutiān wǒmen yìqǐ qù kàn diànyǐng, (　　　　　　) ?

....

4 日本語訳をヒントに、(　　) 内に適切な中国語を入れた上で、音声を聞いて確認して
会話練習をしてみましょう。

DL 128
CD2-34

A : 听说 你 (　　　　) 学习 韩语, 是 吗 ? [君は韓国語を勉強してるんだって？]
　　Tīngshuō nǐ (　　　) xuéxí Hányǔ, shì ma?

B : 对, 我 已经 (　　　　) 说 一些 简单 的 韩语 了。　[そうだよ。もう、少しは簡単な韓
　　Duì, wǒ yǐjīng (　　　) shuō yìxiē jiǎndān de Hányǔ le.　国語が話せるようになったよ。]

A : 韩语 难 (　　) 难 ? [韓国語は難しい？]
　　Hányǔ nán (　　) nán?

B : 韩语 (　　　　　) 难, 可是 (　　　) 学 (　　) 有 意思。
　　Hányǔ (　　　　) nán, kěshì (　　　) xué (　　) yǒu yìsi.
　　[ちょっと難しいけど、勉強すればするほど面白いよ。]

A : 是 吗 ? 你 (　　　　　) 我 吧。[そうなの？ 僕にちょっと教えてよ。]
　　Shì ma? Nǐ (　　　) wǒ ba.

B : 好。[いいよ。]
　　Hǎo.

🐼 補 充 語 句

DL 129
CD2-35

【(ある乗り物に) 乗る】

坐 zuò [乗る] + 电车 diànchē [電車] / 飞机 fēijī [飛行機] / 船 chuán [船]

骑 qí [乗る] + 自行车 zìxíngchē [自転車] / 摩托车 mótuōchē [オートバイ]

中国語文法の難点の1つに、補語の用法が挙げられます。数種類あることに加え、中国語的な発想が求められることから習得は容易ではありませんが、これを使いこなせれば表現力が一気に向上します。本課から数回にわたって個別に取り上げていきます。

新出語句(1) 音声を聞いて、新出語句を発音してみましょう。

DL 130

CD2-36

1 极了 jíle （形容詞・動詞の後に置き）
きわめて ☞ポ5

2 演员 yǎnyuán 名俳優

3 说话 shuōhuà 動話す

4 速度 sùdù 名速度；スピード

5 快 kuài 形（速度が）はやい

6 多了 duōle ずっと〜だ（形容詞・動詞の後に置き、差が大きいことを表す） ☞ポ5

7 台词 táicí 名セリフ

8 懂 dǒng 動理解する；分かる

9 半年 bàn nián 半年

10 多 duō 数〜あまり ☞ポ3

11 听力 tīnglì 名聞き取り能力；リスニング

12 差 chà 形劣る

13 得 děi 助動〜しなければならない ☞ポ2

14 练习 liànxí 動練習する

15 方法 fāngfǎ 名方法

 語句 チェック

音声を聞いて、簡体字とピンインで書き取りましょう。

DL 131

CD2-37

	(1)	(2)	(3)	(4)	(5)
簡体字					
ピンイン					

本文

中国語のセリフを聞き取るのは簡単ではありません。

DL 132

CD2-38

昨天　我　看了　一　个　中国　电影。　电影
Zuótiān　wǒ　kànle　yí　ge　Zhōngguó　diànyǐng.　Diànyǐng

有　意思　极了，可是　演员　说话　的　速度
yǒu　yìsi　jíle,　kěshì　yǎnyuán　shuōhuà　de　sùdù

比　汉语　老师　快　多了，很　多　台词　我
bǐ　Hànyǔ　lǎoshī　kuài　duōle,　hěn　duō　táicí　wǒ

没　听懂。　我　已经　学了　半　年　多　汉语
méi　tīngdǒng.　Wǒ　yǐjīng　xuéle　bàn　nián　duō　Hànyǔ

了，但是　我　的　听力　还　很　差，我　得
le,　dànshì　wǒ　de　tīnglì　hái　hěn　chà,　wǒ　děi

多　练习。　你　有　没有　练习　听力　的　好
duō　liànxí.　Nǐ　yǒu　méiyou　liànxí　tīnglì　de　hǎo

方法？
fāngfǎ?

DL 133~135

CD2-39~41

1 結果補語

我 已经 吃饱 了。
Wǒ yǐjīng chībǎo le.

老师 说 的 汉语 你 听懂 了 吗?
Lǎoshī shuō de Hànyǔ nǐ tīngdǒng le ma?

我 还 没 做完 作业。
Wǒ hái méi zuòwán zuòyè.

我 在 图书馆 看见 你 弟弟 了。
Wǒ zài túshūguǎn kànjiàn nǐ dìdi le.

【よく使われる組み合わせ】

喝醉 hēzuì［飲む+酔う→酔っ払う］　洗干净 xǐgānjìng［洗う+きれいだ→きれいに洗う］

写错 xiěcuò［書く+間違っている→書き間違える］　找到 zhǎodào［探す+目標の達成を表す→見つける］

2 義務・必要性を表す助動詞"得 / 要 / 应该"

为了 学好 汉语, 我们 得 好好儿 学习。
Wèile xuéhǎo Hànyǔ, wǒmen děi hǎohāor xuéxí.

明天 我 也 要 去 吗? — 不用。
Míngtiān wǒ yě yào qù ma? — Búyòng.

已经 很 晚 了, 你 不 应该 吃 东西。
Yǐjīng hěn wǎn le, nǐ bù yīnggāi chī dōngxi.

> ドリル　日本語に合うように、（　　）内の語句を並べ替えましょう。

(1) 私はお金がないのでアルバイトをしなければならない。

我（ 所以 / 钱 / 没有 / 打工 / 得 / ,）。

(2) この件は彼に話すべきではない。　这（ 事 / 件 / 告诉 / 你 / 不 / 他 / 应该 ）。

3 概数の"多"　　～あまり

十 多 个 人 shí duō ge rén［十数人］　　一 个 多 月 yí ge duō yuè［1ヶ月あまり］

三 点 多 sān diǎn duō［3時過ぎ］　　一 千 多 块 yìqiān duō kuài［千元あまり］

> ドリル　次の日本語を中国語に訳しましょう。

(1) 十数人の生徒　　　(2) 30歳過ぎ　　　(3) 3時間あまり

🎧 DL 136,137
◎ CD2-42,43

4 **数量表現**（動作量／時間量）

S＋V＋動作量／時間量（＋O）

我 看了 两 遍 那 本 书。
Wǒ kànle liǎng biàn nà běn shū.

你 昨天 看了 多 长 时间 电视？— 看了 一 个 半 小时。
Nǐ zuótiān kànle duō cháng shíjiān diànshì? — Kànle yí ge bàn xiǎoshí.

他 去过 一 次 美国。
Tā qùguo yí cì Měiguó.

　　　　※目的語が国名の場合、"他去过美国一次。"のように動作量が目的語の後ろに来ることもあります。

「数量表現＋文末の"了"（☞第6課ポ1）」の形で、発話時点まで動作あるいは結果が続いていることを表します。

我 已经 学了 六 年 多 英语 了。
Wǒ yǐjīng xuéle liù nián duō Yīngyǔ le.

【よく使われる時間量表現】

一 年 yì nián [1年間]　两 个 月 liǎng ge yuè [2ヶ月]　三 个 星期 sān ge xīngqī [3週間]

四 天 sì tiān [4日間]　五 个 小时 wǔ ge xiǎoshí [5時間]　六 分钟 liù fēnzhōng [6分間]

▷ **ドリル**　次の日本語を中国語に訳しましょう。

(1) 彼女は上海に2度行ったことがある。　(2) 私は昨日、中国語を2時間勉強しました。

....　...

5 **程度補語（1）—"得"がない場合**

这儿 的 风景 漂亮 极了！
Zhèr de fēngjǐng piàoliang jíle!

　"−多了"は比較構文で用いられ、差が大きいことを表します。

他 比 我 高 多了。
Tā bǐ wǒ gāo duōle.

▷ **ドリル**　次の日本語を中国語に訳しましょう。

(1) ここの料理はすごくおいしい。（"极了"を使って）...

(2) 今日は昨日よりずっと寒い。（"多了"を使って）...

69

1 日本語に合うように、（　　）内の語句を並べ替えましょう。

(1) あの雑誌、私はまだ読み終わっていない。

那（ 我 / 本 / 没 / 杂志 / 还 / 完 / 看 ）。

---

(2) 私は昨日、君に2回電話した。

我（ 两 / 给 / 打 / 了 / 你 / 次 / 昨天 ）电话。

---

(3) 6時になった。帰らなくちゃ。

（ 得 / 六 / 回家 / 了， / 我 / 点 ）了。

---

2 次の日本語を中国語に訳しましょう。

(1) 最近、暑くてたまらない。（"极了"を使って）

---

(2) 私はもう酔っ払った。（結果補語を使って）

---

(3) 宿題、終わった？（結果補語を使って）

新出語句(2)

DL 138

CD2-44

1 饱 bǎo 形 腹がいっぱいである

2 完 wán 動 ～し終わる（結果補語）

3 作业 zuòyè 名 宿題　cf. 做作业［宿題をする］

4 见 jiàn 動 知覚した結果を表す（結果補語）

5 要 yào 助動 ～しなければならない

6 应该 yīnggāi 助動 ～すべきである

7 为了 wèile 介 ～するために

8 好 hǎo 形 動作の完成を表す（結果補語）
　　cf. 学好［学んで身につける；マスターする］

9 好好儿 hǎohāor 副 しっかりと

10 不用 búyòng 副 ～する必要がない

11 晚 wǎn 形 （時間が）遅い

12 遍 biàn 量 回；度（動作の始めから
　　終わりまでの全過程を数える）

13 风景 fēngjǐng 名 風景；景色

14 漂亮 piàoliang 形 きれいである

3 音声を聞いて空欄に簡体字とピンインを入れた上で、全文を日本語に訳しましょう。

DL 139
CD2-45

(1) 味道 怎么样？— 好（　　　　　　　　）。
Wèidao zěnmeyàng? — Hǎo（　　　　　　　　）.

(2) 我 的 钱包 里 有（　　　　　　　　）块。
Wǒ de qiánbāo li yǒu（　　　　　　　　）kuài.

(3) 你（　　　　　　　　）吃 这么 多。
Nǐ（　　　　　　　　）chī zhème duō.

4 日本語訳をヒントに、（　　）内に適切な中国語を入れた上で、音声を聞いて確認して
会話練習をしてみましょう。

DL 140
CD2-46

A： 这个 中国 电影 你（　　　　　　）吗？［この中国映画、君見たことある？］
Zhèige Zhōngguó diànyǐng nǐ（　　　　）ma?

B： 我（　　　　　）。有 意思 吗？［見たことないけど、面白いの？］
Wǒ（　　　　　）. Yǒu yìsi ma?

A： 有 意思（　　　　　），我（　　　　　　　　）。［すごく面白いよ。僕は2回見た。］
Yǒu yìsi（　　　　　）, wǒ（　　　　　　　）.

你 也 应该 看 一 次。［君も1回見るべきだよ。］
Nǐ yě yīnggāi kàn yí cì.

B： 台词 是 汉语 吧？ 你（　　　　　　）吗？［セリフは中国語でしょ？ あなたは聞
Táicí shì Hànyǔ ba? Nǐ（　　　　　）ma? いて分かったの？］

A：（　　　　　　　　），我（　　　　　　　）。［聞いて分からなかったけど、見て分かった。］
（　　　　　　　）, wǒ（　　　　　）.

補 充 語 句

DL 141
CD2-47

【（あるスポーツを）する】

打 dǎ ＋ 棒球 bàngqiú［野球］／ 篮球 lánqiú［バスケットボール］／ 排球 páiqiú［バレーボール］

网球 wǎngqiú［テニス］／ 乒乓球 pīngpāngqiú［卓球］／ 羽毛球 yǔmáoqiú［バドミントン］

踢 tī ＋ 足球 zúqiú［サッカー］　※"踢"は「ける」の意味

第10課 サークル活動

第10課のポイント 兼語文は中国語特有の構文の1つで、いくつかのタイプが見られます（第11課に出てくる使役文も兼語文の一種です）。その構造を理解するとともに、自然な日本語に訳せるように練習を重ねましょう。

新出語句(1) 音声を聞いて、新出語句を発音してみましょう。

DL 142
CD2-48

1 参加 cānjiā 動 参加する

2 小组 xiǎozǔ 名 サークル；グループ

3 是〜的 shì~de 〜のだ ☞ポ4

4 成立 chénglì 動 成立する

5 一共 yígòng 副 全部で

6 得 de 助
　　動詞・形容詞の後に置いて補語を導く ☞ポ5

7 流利 liúlì 形 流ちょうである

8 知道 zhīdao 動 知っている

9 怎么 zěnme 代 どのように ☞ポ2

10 外语 wàiyǔ 名 外国語

11 请 qǐng 動
　　お願いする；頼む；ごちそうする ☞ポ1

12 指导 zhǐdǎo 動 指導する

13 发音 fāyīn 名 発音

14 期待 qīdài 動 期待する；待ち望む

15 着 zhe 助 持続を表す ☞ポ3

16 活动 huódòng 名 活動

語句 チェック

音声を聞いて、簡体字とピンインで書き取りましょう。

DL 143
CD2-49

	(1)	(2)	(3)	(4)	(5)
中国語					
ピンイン					

72

本文

野村さんは大学のサークルで中国語を勉強しています。

DL 144

CD2-50

我　参加了　大学　的　汉语　学习　小组。
Wǒ　cānjiāle　dàxué　de　Hànyǔ　xuéxí　xiǎozǔ.

这个　学习　小组　是　去年　成立　的，一共
Zhèige　xuéxí　xiǎozǔ　shì　qùnián　chénglì　de,　yígòng

有　八　个　人。我们　都　非常　喜欢　学
yǒu　bā　ge　rén.　Wǒmen　dōu　fēicháng　xǐhuan　xué

汉语，可是　说得　还　不　流利。我们　都
Hànyǔ,　kěshì　shuōde　hái　bù　liúlì.　Wǒmen　dōu

想　知道　你　是　怎么　学　的　外语，也　想
xiǎng　zhīdao　nǐ　shì　zěnme　xué　de　wàiyǔ,　yě　xiǎng

请　你　来　指导　发音，好　吗？我们　期待着
qǐng　nǐ　lái　zhǐdǎo　fāyīn,　hǎo　ma?　Wǒmen　qīdàizhe

你　也　能　参加　我们　的　活动。
nǐ　yě　néng　cānjiā　wǒmen　de　huódòng.

DL 145~147

CD2-51-53

1 兼語文（1）— V₁ が"请"の場合　　S₁ + V₁ + $\boxed{O / S_2}$ + V₂ ～

我们请他介绍介绍吧。

"他"は動詞"请"［頼む］の目的語と動詞"介绍"［紹介する］の主語を兼ねており、「兼語」と呼ばれます。

　　　私たちは彼に頼みましょう＋彼がちょっと紹介する

　　　　　　　　→ 私たちは彼にちょっと紹介してくれるよう頼みましょう。

你 请 他 帮忙 吧。　　　　　我 想 请 你 来 我 家 玩儿。
Nǐ qǐng tā bāngmáng ba.　　　Wǒ xiǎng qǐng nǐ lái wǒ jiā wánr.

前天 晚上 他 请 我们 吃 北京 烤鸭 了。
Qiántiān wǎnshang tā qǐng wǒmen chī Běijīng kǎoyā le.

ドリル　日本語に合うように、（　）内の語句を並べ替えましょう。

(1) 昨日、彼が私たちに昼食をごちそうしてくれた。　(2) 私は君を中国映画に招待したい。

昨天（我们 / 请 / 午饭 / 吃 / 他）了。　　（中国电影 / 看 / 请 / 你 / 我 / 想）。

2 2つの"怎么"

どのように【方式】

你 的 名字 怎么 写？　　去 电影院 怎么 走？
Nǐ de míngzi zěnme xiě?　　Qù diànyǐngyuàn zěnme zǒu?

どうして【理由】 ※いぶかる気持ちを表します。

你 怎么 不 说话？　　这个 电脑 怎么 这么 贵？
Nǐ zěnme bù shuōhuà?　　Zhèige diànnǎo zěnme zhème guì?

3 動作・状態の持続を表す助詞"着"　　～ている；～てある

大家 都 等着 你 呢，快 来 吧！
Dàjiā dōu děngzhe nǐ ne, kuài lái ba!

他 今天 没 戴（着）眼镜。　　桌子 上 放着 一 本 英文 杂志。
Tā jīntiān méi dài(zhe) yǎnjìng.　　Zhuōzi shang fàngzhe yì běn Yīngwén zázhì.

V₁ + 着 + V₂　　　V₁ の状態で V₂ する

躺着 看 书 对 眼睛 不 好，坐着 看 吧。
Tǎngzhe kàn shū duì yǎnjing bù hǎo, zuòzhe kàn ba.

ドリル　次の日本語を中国語に訳しましょう。

(1)（私たち，）座って話し（"说话"）ましょう。　...

(2) 駅はここから遠くないから、歩いて行こう。　...

4 "是～的"

DL 148,149

CD2-54,55

実現済みの事柄について「いつ」「どこで」「どのように」などを取り立てて説明する構文です。肯定文では"是"を省略することもありますが、否定文では"是"は省略できません。

你们（是）在 哪儿 认识 的？— 我们（是）在 北京 认识 的。
Nǐmen (shì) zài nǎr rènshi de? — Wǒmen (shì) zài Běijīng rènshi de.

我 不 是 坐 车 来 的，是 走着 来 的。
Wǒ bú shì zuò chē lái de, shì zǒuzhe lái de.

目的語がある場合には"V 的 O"、"V O 的"どちらの語順でも成立することが少なくありません。

她 是 什么 时候 来 的 日本？— 她 是 前年 来 的。
Tā shì shénme shíhou lái de Rìběn? — Tā shì qiánnián lái de.
（ここでは"她是什么时候来日本的？"の語順も可）

> **ドリル** 次の文の下線部を問う疑問詞疑問文を作りましょう。

(1) 我是从北京来的。　　　　(2) 他是坐飞机去的。

---------------------------------------　---------------------------------------

5 様態補語 "V 得～"

動詞や形容詞の後に（助詞"得 de"を介して）置かれて、その動作・状態のありさまや程度を表します。

他 睡得 很 晚。　　　　　他 跑得 快 不 快？
Tā shuìde hěn wǎn.　　　　Tā pǎode kuài bu kuài?

我 平时 吃得 不 多。　　　她 长得 很 漂亮。
Wǒ píngshí chīde bù duō.　　Tā zhǎngde hěn piàoliang.

動詞の後ろに目的語を伴う場合は、同じ動詞を繰り返して"V + O + V 得～"とします。このとき、最初の V は通常、省略可能です。

她（打）网球 打得 很 好。
Tā (dǎ) wǎngqiú dǎde hěn hǎo.

他（说）日语 说得 怎么样？— 他（说）日语 说得 还 不 太 流利。
Tā (shuō) Rìyǔ shuōde zěnmeyàng? — Tā (shuō) Rìyǔ shuōde hái bú tài liúlì.

> **ドリル** 次の日本語を中国語に訳しましょう。

(1) 彼は歩くのが遅い。　　　　(2) 彼女は歌を歌う（"唱歌"）のがうまくない。

---------------------------------------　---------------------------------------

1 | 日本語に合うように、（　　）内の語句を並べ替えましょう。

(1) 彼、中国語を話すのが何であんなにうまいんだろう。

他汉语说（ 好 / 那么 / 得 / 怎么 ）?

----

(2) 君にコーヒーをおごりましょう。

我（ 你 / 吧 / 请 / 咖啡 / 喝 ）。

----

(3) 君の家から大学までどうやって行くの？

从（ 大学 / 怎么 / 家 / 你 / 走 / 到 ）?

----

2 | 次の日本語を中国語に訳しましょう。

(1) 君、今日はどうして遅れ（"迟到"）たの？

----

(2) 彼が外で君を待っているよ。（"着"を使って）

----

(3) 彼はサッカー（をするの）があまりうまくない。

新出語句⑵

DL 150

CD2-56

1	帮忙 bāngmáng	動 手伝う
2	走 zǒu	動 ①行く ②歩く
3	等 děng	動 待つ
4	戴 dài	動 （装身具を）身につける
5	眼镜 yǎnjìng	名 眼鏡　cf. 戴眼镜[眼鏡をかける]
6	放 fàng	動 置く
7	英文 Yīngwén	名 英語
8	躺 tǎng	動 横になる
9	对 duì	介 ～に対して
10	眼睛 yǎnjing	名 目
11	坐 zuò	動 座る　cf. （乗り物に）乗る（☞第8課）
12	认识 rènshi	動 知り合う；見知っている
13	车 chē	名 車
14	前年 qiánnián	名 おととし
15	睡 shuì	動 寝る
16	跑 pǎo	動 走る
17	长 zhǎng	動 成長する

3 音声を聞いて空欄に簡体字とピンインを入れた上で、全文を日本語に訳しましょう。

DL 151

CD2-57

(1) 我 想 (　　　　) 你 教 我 汉语, 好 吗?
Wǒ xiǎng (　　　　) nǐ jiāo wǒ　Hànyǔ, hǎo ma?

....

(2) 你 是 (　　　　) 认识 他 的?
Nǐ　shì (　　　　) rènshi tā　de?

....

(3) 他 (　　　　) 比 我 快。　　　　　　　　　　ヒント:"比"［～より］(第7課)
Tā (　　　　) bǐ　wǒ　kuài.

....

第10課

4 日本語訳をヒントに、(　) 内に適切な中国語を入れた上で、音声を聞いて確認して会話練習をしてみましょう。

DL 152

CD2-58

A: 你 (　　　　) 现在 才 来?［なんで今頃ようやく来たの?］
Nǐ (　　　　) xiànzài cái lái?

B: 对不起, 我 昨天 (　　　　) 很 晚。［ごめん、昨日は寝るのが遅かったんだ。］
Duìbuqǐ,　wǒ zuótiān (　　　　) hěn wǎn.

A: 你 (　　　　) 几 点 睡 (　　　　)?［何時に寝たの?］
Nǐ (　　　　) jǐ diǎn shuì (　　　　)?

B: 两 点 睡 (　　　　)。［2時に寝たんだ。］
Liǎng diǎn shuì (　　　　).

A: 大家 都 (　　　　) 咱们 呢, 快 走 吧!［みんな私たちのことを待っているから、
Dàjiā dōu (　　　　) zánmen ne,　kuài zǒu ba!　はやく行こう!］

補 充 語 句

【食べ物】

DL 153

CD2-59

咖喱饭 gālífàn ［カレーライス］　　汉堡包 hànbǎobāo ［ハンバーガー］　　面条 miàntiáo ［麺類］

三明治 sānmíngzhì ［サンドイッチ］　　快餐 kuàicān ［ファーストフード］

中国菜 zhōngguócài ［中華料理］　　法国菜 fǎguócài ［フランス料理］

第 **11** 課　携帯電話

第11課のポイント　本課で学ぶ"把"構文と使役文は、どちらも対象への働きかけを表す形式で、語順も似ています。"把"構文については目的語や動詞に対する文法的制約が見られるため、使いこなすにはそれ相応の訓練が必要です。

新出語句⑴　音声を聞いて、新出語句を発音してみましょう。

DL 154

CD2-60

1　确实　quèshí　副 確かに

2　让　ràng　動 ～させる（使役を表す）☞ポ1

3　感到　gǎndào　動 感じる；思う

4　生活　shēnghuó　名 生活

5　方便　fāngbiàn　形 便利である

6　不过　búguò　接 しかし

7　把　bǎ　介 ～を　☞ポ2

8　当作　dàngzuò　動 ～と見なす

9　不可缺少　bùkě quēshǎo
　　　欠くことのできない

10　一部分　yíbùfen　名 一部分

11　一～就…　yī~jiù…　～すると（すぐに）…
　　　☞ポ3

12　一边～一边…　yìbiān~yìbiān…
　　　～しながら…する　☞ポ4

13　走路　zǒulù　動（道を）歩く

14　考虑　kǎolǜ　動 考える

15　一下　yíxià　数量（動詞の後に用いて）
　　　ちょっと（～する；してみる）☞ポ5

16　只　zhǐ　副 ただ

17　工具　gōngjù　名 道具

18　太　tài　副 あまりにも；ひどく

19　依赖　yīlài　動 頼る；依存する

語句 チェック

音声を聞いて、簡体字とピンインで書き取りましょう。
DL 155
CD2-61

	(1)	(2)	(3)	(4)	(5)
簡体字					
ピンイン					

78

本文

携帯電話は確かに便利ですが、頼りすぎるのもちょっと…。

DL 156

CD2-62

手机　确实　让　我们　感到　生活　方便
Shǒujī　quèshí　ràng　wǒmen　gǎndào　shēnghuó　fāngbiàn

多了。不过，很　多　人　把　手机　当作　不可
duōle.　Búguò,　hěn　duō　rén　bǎ　shǒujī　dàngzuò　bùkě

缺少　的　一部分，一　有　时间　就　看　手机，
quēshǎo　de　yíbùfen,　yì　yǒu　shíjiān　jiù　kàn　shǒujī,

还　有　很　多　人　一边　走路　一边　看　手机。
hái　yǒu　hěn　duō　rén　yìbiān　zǒulù　yìbiān　kàn　shǒujī.

我们　应该　好好儿　考虑　一下，手机　只　是
Wǒmen　yīnggāi　hǎohāor　kǎolù　yíxià,　shǒujī　zhǐ　shì

一　个　工具，不　应该　太　依赖　手机。
yí　ge　gōngjù,　bù　yīnggāi　tài　yīlài　shǒujī.

79

DL 157~159

CD2-63~65

1 兼語文 (2) ― V₁ が "让 / 叫 / 使" の場合（使役文）

$$S_1 + V_1 + \boxed{O / S_2} + V_2 \sim$$

S + {让／叫／使} + O + V₂　　SはOに～させる

请 让 我 说说 我 的 意见。　　※ここではSは現れていません。
Qǐng ràng wǒ shuōshuo wǒ de yìjian.

我 父亲 不 叫 我 一 个 人 去 旅游。
Wǒ fùqin bú jiào wǒ yí ge rén qù lǚyóu.

那个 消息 使 我们 非常 高兴。
Nèige xiāoxi shǐ wǒmen fēicháng gāoxìng.

> **ドリル**　日本語に合うように、（　）内の語句を並べ替えましょう。

⑴ 母は私にアルバイトをさせてくれない。
　（ 让 / 不 / 打工 / 妈妈 / 我 ）。

⑵ 早く彼を帰宅させて。
　你快（ 吧 / 回家 / 叫 / 他 ）。

2 "把" 構文　　S + "把" + O + V + α　　SはOを～する

"把" に後置するOについては、特定の事物（話し手と聞き手の双方にとって既知のもの）でなければなりません。また、Vについては単独では用いられず、"了" や補語などの成分が付加されるといった制約が見られます。

对不起，我 把 课本 忘在 家 里 了。
Duìbuqǐ, wǒ bǎ kèběn wàngzài jiā li le.

老师 把 我 的 名字 念错 了。
Lǎoshī bǎ wǒ de míngzi niàncuò le.

他 没 把 你 的 电话 号码 告诉 我。
Tā méi bǎ nǐ de diànhuà hàomǎ gàosu wǒ.

> **ドリル**　日本語に合うように、（　）内の語句を並べ替えましょう。

⑴ 私は今日の宿題をやり終えました。
　　　　　　　　我（ 完 / 的 / 把 / 作业 / 做 / 了 / 今天 ）。

⑵ 母は私の服をきれいに洗った。　妈妈（ 的 / 了 / 把 / 衣服 / 洗 / 我 / 干净 ）。

3 "一～就…"　　～すると（すぐに）…

我 一 看 就 明白了 她 在 想 什么。
Wǒ yí kàn jiù míngbaile tā zài xiǎng shénme.

我 一 到 冬天 就 感冒。
Wǒ yí dào dōngtiān jiù gǎnmào.

天气 一 热，我 就 不 想 吃 饭。
Tiānqì yí rè, wǒ jiù bù xiǎng chī fàn.

ドリル 日本語に合うように、（　）内の語句を並べ替えましょう。

⑴ 北京に着いたら、すぐ君に電話するね。

我（ 就 / 一 / 北京 / 你 / 打 / 到 / 给 ）电话。

⑵ 彼は授業が始まるとすぐに眠くなる。　　他（ 就 / 一 / 想 / 睡觉 / 上课 ）。

DL 160, 161

CD2-66, 67

4 "一边～一边…"　　～しながら…する

2つの動作が同時に進行することを表します。

咱们 一边 喝 茶 一边 聊 吧。
Zánmen yìbiān hē chá yìbiān liáo ba.

他 一边 工作 一边 上学。
Tā yìbiān gōngzuò yìbiān shàngxué.

她 一边 看 电视剧 一边 哭。
Tā yìbiān kàn diànshìjù yìbiān kū.

ドリル 次の日本語を中国語に訳しましょう。

⑴ テレビを見ながら勉強してはいけません。　　⑵ ピアノを弾きながら歌を歌えますか。

5 "V一下"　　ちょっと～する；～してみる

我们 休息 一下 吧。
Wǒmen xiūxi yíxià ba.

我 去 一下 洗手间。
Wǒ qù yíxià xǐshǒujiān.

等 一下，让 我 想想。
Děng yíxià, ràng wǒ xiǎngxiang.

ドリル 日本語に合うように、（　）内の語句を並べ替えましょう。

⑴ ちょっとお尋ねしたいのですが。　　⑵ 君にちょっと紹介しよう。

（ 一下 / 想 / 问 / 我 ）。　　　　（ 我 / 你 / 吧 / 给 / 一下 / 介绍 ）。

1 | 日本語に合うように、（　　）内の語句を並べ替えましょう。

(1) 先生にちょっと聞きに行きなよ。

你（ 老师 / 问 / 去 / 吧 / 一下 ）。

――――――――――――――――――――――――――――――――

(2) 私の眼鏡をどこに置いたの？

你（ 的 / 把 / 放在 / 眼镜 / 我 / 哪儿 ）了？

――――――――――――――――――――――――――――――――

(3) 私は一目見て、彼が日本人でないとすぐに分かった。

我（ 是 / 知道 / 他 / 看 / 不 / 就 / 一 ）日本人。

――――――――――――――――――――――――――――――――

2 | 次の日本語を中国語に訳しましょう。

(1) 私にちょっと見せてよ。（"让"を使って）

――――――――――――――――――――――――――――――――

(2) 車を運転しながら電話をかけてはいけない。（"不能"を使って）

――――――――――――――――――――――――――――――――

(3) 彼は私の名前を書き間違え（"写错"）た。

――――――――――――――――――――――――――――――――

新出語句(2)

DL 162

CD2-68

1　叫 jiào　動 ～させる（使役を表す）
2　使 shǐ　動 ～させる（使役を表す）
3　消息 xiāoxi　名 ニュース；知らせ
4　忘 wàng　動 忘れる　cf. 忘在～［～に忘れる］
5　念 niàn　動 （声を出して）読む
6　号码 hàomǎ　名 番号
7　明白 míngbai　動 分かる
8　想 xiǎng　動 考える

9　感冒 gǎnmào　動 風邪を引く
10　聊 liáo　動 おしゃべりをする
11　上学 shàngxué　動 学校に通う
12　电视剧 diànshìjù　名 テレビドラマ
13　哭 kū　動 泣く

3 音声を聞いて空欄に簡体字とピンインを入れた上で、全文を日本語に訳しましょう。

DL 163
CD2-69

(1) 你（　　　　　）他 给 我 打 电话, 好 吗 ?
Nǐ（　　　　　）tā gěi wǒ dǎ diànhuà, hǎo ma?

―――――――――――――――――――――――――――――――――

(2) 我 父亲 不（　　　　）我（　　　　）吃 饭（　　　　）看 电视。
Wǒ fùqin bú（　　　　）wǒ（　　　　）chī fàn（　　　　）kàn diànshì.

―――――――――――――――――――――――――――――――――

(3) 你 应该（　　　　）这个 消息 告诉 她。
Nǐ yīnggāi（　　　　）zhèige xiāoxi gàosu tā.

―――――――――――――――――――――――――――――――――

4 日本語訳をヒントに、（　）内に適切な中国語を入れた上で、音声を聞いて確認して
会話練習をしてみましょう。

DL 164
CD2-70

老师： 你 不要（　　　　）上课（　　　　）玩儿 手机。
Nǐ búyào（　　　　）shàngkè（　　　　）wánr shǒujī.
［君、授業を受けながら携帯電話をいじらないで。］

学生 A： 对不起。［すみません。］
Duìbuqǐ.

老师： 你 的 课本 呢 ?［君の教科書は？］
Nǐ de kèběn ne?

学生 A： 忘在 家 里 了。［家に忘れてしまいました。］
Wàngzài jiā li le.

老师： 那 你（　　　）旁边 的 同学 给 你 看（　　　）吧。
Nà nǐ（　　　）pángbiān de tóngxué gěi nǐ kàn（　　　）ba.
［じゃあ、隣の人にちょっと見せてもらって。］

学生 B： 对不起, 我 也（　　　）课本 忘在 家 里 了。
Duìbuqǐ, wǒ yě（　　　）kèběn wàngzài jiā li le.
［すみません。私も教科書を家に忘れてしまいました。］

補 充 語 句

【（〜を）身につける】

DL 165
CD2-71

穿 chuān ＋ 衣服 yīfu［服］ / 鞋 xié［靴］ / 裙子 qúnzi［スカート］

戴 dài ＋ 眼镜 yǎnjìng［眼鏡］ / 帽子 màozi［帽子］ / 手表 shǒubiǎo［腕時計］

新出語句(1)　音声を聞いて、新出語句を発音してみましょう。

DL 166

CD2-72

1　丢 diū　動 なくす

2　银行卡 yínhángkǎ　名 キャッシュカード

3　驾照 jiàzhào　名 運転免許証

4　等 děng　助 〜など

5　重要 zhòngyào　形 重要である

6　着急 zháojí　形 焦っている

7　不得了 bùdéliǎo　形（補語として用いて）
　　程度が甚だしいことを表す ☞ポ2

8　以为 yǐwéi　動 〜と思う；思い込む

9　被 bèi　介 〜に（〜される）（受身を表す）
　　☞ポ3

10　偷 tōu　動 盗む

11　可 kě　接 しかし

12　好心 hǎoxīn　名 善意；親切心

13　寄 jì　動 郵送する

14　而且 érqiě　接 そのうえ

15　少 shǎo　動 なくなる；紛失する

16　又〜又… yòu~yòu…
　　〜であり、また…でもある

17　感动 gǎndòng　動 感動する

 語句 チェック

音声を聞いて、簡体字とピンインで書き取りましょう。

DL 167

CD2-73

	(1)	(2)	(3)	(4)	(5)
簡体字					
ピンイン					

財布をなくして焦りましたが…。

DL 168

CD2-74

上 个 星期， 我 的 钱包 丢 了。里面
Shàng ge xīngqī, wǒ de qiánbāo diū le. Lǐmiàn

钱 不 多， 可是 有 银行卡 和 驾照 等
qián bù duō, kěshì yǒu yínhángkǎ hé jiàzhào děng

重要 的 东西，我 着急得 不得了。我 以为
zhòngyào de dōngxi, wǒ zháojíde bùdéliǎo. Wǒ yǐwéi

钱包 被 偷 了， 可 昨天 一 个 好心 的
qiánbāo bèi tōu le, kě zuótiān yí ge hǎoxīn de

人 把 丢 的 钱包 寄来 了。而且， 里面
rén bǎ diū de qiánbāo jìlai le. Érqiě, lǐmiàn

的 东西 一点儿 也 没 少。我 又 高兴
de dōngxi yìdiǎnr yě méi shǎo. Wǒ yòu gāoxìng

又 感动。
yòu gǎndòng.

🎧
DL 169,170

💿
CD2-75,76

1 方向補語

動詞の後ろに次のグループの動詞をつけて、人や物の移動する方向を表します。

①のグループ： 来 lái ［来る］ / 去 qù ［行く］

②のグループ： 上 shàng ［のぼる］ / 下 xià ［くだる］ / 进 jìn ［入る］ / 出 chū ［出る］ /
回 huí ［戻る］ / 过 guò ［過ぎる］ / 起 qǐ ［上がる］

(1) V ＋ ①のグループ

他 已经 回来 了 吗？
Tā yǐjīng huílai le ma?

(2) V ＋ ②のグループ

你们 快 坐下 吧。
Nǐmen kuài zuòxia ba.

(3) V ＋「②＋①」のグループ

① ＼ ②	上	下	进	出	回	过	起
来	上来	下来	进来	出来	回来	过来	起来
去	上去	下去	进去	出去	回去	过去	―

他 买回来 了 一 本 书。
Tā mǎihuilai le yì běn shū.

場所目的語は"来 / 去"の前に置きます。

他们 回 家 去 了。
Tāmen huí jiā qu le.

张 老师 跑进 教室 来 了。
Zhāng lǎoshī pǎojin jiàoshì lai le.

【覚えよう】

站起来 zhànqilai ［立ち上がる］　拿出来 náchulai ［取り出す］　想起来 xiǎngqilai ［思い出す］
想出来 xiǎngchulai ［思いつく］　看起来 kànqilai ［見たところ］

※"站"は「立つ」、"拿"は「(手で) 持つ；取る」の意味

▌ドリル▌ 日本語に合うように、（　　）内の語句を並べ替えましょう。

(1) 早く入ってきて。

你（ 进 / 吧 / 来 / 快 ）。

(2) あの本、買ってきた？

那（ 来 / 买 / 本 / 吗 / 了 / 书 ）？

2 程度補語（2）―"得"がある場合

形容詞＋得＋ {不得了 bùdéliǎo / 要命 yàomìng / 多 duō}

我 最近 忙得 不得了。
Wǒ zuìjìn mángde bùdéliǎo.

我 感冒 了，嗓子 疼得 要命。
Wǒ gǎnmào le, sǎngzi téngde yàomìng.

"－得多"は比較構文で用いられ、差が大きいことを表します。

北京 的 冬天 比 上海 冷得 多。
Běijīng de dōngtiān bǐ Shànghǎi lěngde duō.

(1) 兄は僕よりもずっと背が高い。　　　　(2) 今日は暑くてたまらない。

....　　..

3 受身表現　　S＋"被 / 让 / 叫"＋O＋V＋α

DL 171,172

CD2-77,78

$$S は O に～される$$

"被"の後ろのOは省略可能ですが、"让"と"叫"の後ろのOは省略できません。また、Vは単独では用いられず、"了"や補語といった成分が付加されます。

我 被（人）骗 了。
Wǒ bèi (rén) piàn le.

我 的 手机 让 弟弟 弄坏 了。
Wǒ de shǒujī ràng dìdi nònghuài le.

她 的 自行车 叫 谁 骑走 了?
Tā de zìxíngchē jiào shéi qízǒu le?

我 从来 没 被 父亲 表扬过。
Wǒ cónglái méi bèi fùqin biǎoyángguo.

(1) 私の眼鏡は彼に壊された。　　　我（ 他 / 被 / 弄 / 的 / 了 / 眼镜 / 坏 ）。

(2) 私は人にこの事を知られたくない。

我（ 让 / 这 / 人 / 知道 / 不 / 想 / 件 ）事。

4 強調表現

一点儿 （＋N）＋ ｛也 / 都｝＋ 否定形　　少し （のN）も～ない

我 现在 一点儿 也（ / 都）不 饿。
Wǒ xiànzài yìdiǎnr yě (/ dōu) bú è.

他 一点儿 法语 也（ / 都）不 会 说。
Tā yìdiǎnr Fǎyǔ yě (/ dōu) bú huì shuō.

cf. 连 lián ～也 / 都… ［～でさえ…］

这个 道理 连 小孩儿 也（ / 都）明白。
Zhèige dàoli lián xiǎoháir yě (/ dōu) míngbai.

(1) 私は彼を少しも好きではない。　　..

(2) 今日はすごく忙しくて、昼ご飯すら食べていない。

....

1 日本語に合うように、（　　）内の語句を並べ替えましょう。

(1) 入ってもいいですか。

我（去 / 进 / 吗 / 可以）？

_____

(2) 教室には一人の生徒もいない。

（教室里 / 没有 / 学生 / 连 / 也 / 一个）。

_____

(3) ドイツ語は私はまったく分からない。

德语（我 / 不 / 一点儿 / 懂 / 都）。

_____

2 次の日本語を中国語に訳しましょう。

(1) 彼女は泣きながら（"哭着"）駆け込んできた。

_____

(2) あの件はもう人に知られてしまった。

_____

(3) 私は仕事が忙しくて、日曜日すら休めない。（"连～也（/都）…"を使って）

_____

新出語句⑵

DL 173

CD2-79

1 教室 jiàoshì 图 教室

2 要命 yàomìng 動（補語として用いて）程度が甚だしいことを表す

3 嗓子 sǎngzi 图 のど

4 疼 téng 形 痛い

5 让 ràng 介 ～に（～される）（受身を表す）

6 叫 jiào 介 ～に（～される）（受身を表す）

7 骗 piàn 動 だます

8 弄 nòng 動 いじる

9 坏 huài 形 壊れている　cf. 弄坏［壊す］

10 走 zǒu 動 （その場から）離れる；行く

11 从来 cónglái 副 これまで

12 表扬 biǎoyáng 動 ほめる

13 饿 è 形 腹が空いている

14 连 lián 介 ～すら；～さえ

15 道理 dàoli 图 道理

16 小孩儿 xiǎoháir 图 子ども

3 音声を聞いて空欄に簡体字とピンインを入れた上で、全文を日本語に訳しましょう。

DL 174
CD2-80

(1) 妈妈 给 我 （　　　　　　　　　　）了 一 个 生日 蛋糕。
Māma gěi wǒ （　　　　　　　　　　） le yí ge shēngrì dàngāo.

_____

(2) 听了 这个 消息，他 高兴得 （　　　　　　　　　　）。
Tīngle zhèige xiāoxi, tā gāoxìngde （　　　　　　　　　　）.

_____

(3) 我 的 自行车 （　　　　　　　　　　）弟弟 骑走 了。
Wǒ de zìxíngchē （　　　　　　　　　　） dìdi qízǒu le.

_____

4 日本語訳をヒントに、（　　）内に適切な中国語を入れた上で、音声を聞いて確認して
会話練習をしてみましょう。

DL 175
CD2-81

学生：老师，我 感冒 了，嗓子 疼得 （　　　　　　　　　）。[先生、僕は風邪を引いて、
Lǎoshī, wǒ gǎnmào le, sǎngzi téngde （　　　　　　　　　）. 　のどが痛くてたまりません。]

老师：是 吗？ 你 要 （　　　　　　　　　）休息 吗？[そうですか。帰って休みますか。]
Shì ma? Nǐ yào （　　　　　　　　　） xiūxi ma? 　　　ヒント：「帰っていく」と考えます。

学生：(元気な声で) 谢谢 老师！ 那 我 （　　　　　　　　　）了！
Xièxie lǎoshī! Nà wǒ （　　　　　　　　　） le!
[先生、ありがとうございます！じゃあ、家に帰ります！] ヒント：「家に帰っていく」
　　　　　　　　　　　　　　　　　　　　　　　　　　と考えます。

老师：(学生の後ろ姿を見て独り言) 我 会 不 会 （　　　）他 骗 了？
Wǒ huì bu huì （　　　） tā piàn le?
[彼にだまされたのかなあ…]

補 充 語 句

【方向補語の派生義】

DL 176
CD2-82

－起来：(動作や状態の) 開始を表す　　例：哭起来 kūqilai [泣き出す]

－下去：(動作や状態の) 継続を表す　　例：学下去 xuéxiaqu [学び続ける]

ある動作・行為が「できる／できない」ということを表す可能補語の典型的な形式としては「動詞＋"得 de ／不 bu"＋結果補語／方向補語」の組み立てから成るものが挙げられます。例えば「買えない」と言うとき、可能補語を用いると「{値段が高くて／物がなくて} 買えない」のように、理由・原因にまで言及した表現となります。

新出語句⑴　音声を聞いて、新出語句を発音してみましょう。

DL 177

CD2-83

1 雪　xuě　名 雪　cf. 下 xià 雪［雪が降る］

2 小李　Xiǎo Lǐ　李さん
　　（"小"は「～さん；～君」の意味）

3 想起　xiǎngqi　思い出す
　　（「動詞＋方向補語」の形）

4 故乡　gùxiāng　名 故郷；ふるさと

5 春节　Chūnjié　名 春節；旧正月

6 快要～了　kuàiyào~le　もうすぐ～だ
　　☞ポ1

7 回国　huíguó　動 帰国する

8 过年　guònián　動 新年を祝う；正月を迎える

9 因为～所以…　yīnwei~suǒyǐ…
　　～なので（、だから）…　☞ポ4

10 就要～了　jiùyào~le　もうすぐ～だ
　　☞ポ1

11 毕业　bìyè　動 卒業する

12 忙着　mángzhe　～するのに忙しい

13 回不去　huíbuqù　帰っていくことができない（可能補語の形）　☞ポ3

14 以后　yǐhòu　名 ～の後；その後

15 家人　jiārén　名 家族

16 跟　gēn　介 ～と　cf. 跟～一起［～と一緒に］

語句 チェック

音声を聞いて、簡体字とピンインで書き取りましょう。
DL 178
CD2-84

	(1)	(2)	(3)	(4)	(5)
簡体字					
ピンイン					

本文

春節が近づきました。留学生の李さんは故郷に帰りたくても帰れない事情があるようです。

DL 179
CD2-85

下 雪 了， 留学生 小 李 看着 外面 的
Xià xuě le, liúxuéshēng Xiǎo Lǐ kànzhe wàimiàn de

雪 想起了 故乡。春节 快要 到 了，小 李
xuě xiǎngqile gùxiāng. Chūnjié kuàiyào dào le, Xiǎo Lǐ

很 想 回国 过年。 可是， 因为 他 明年
hěn xiǎng huíguó guònián. Kěshì, yīnwei tā míngnián

就要 毕业 了，现在 正在 忙着 找 工作，
jiùyào bìyè le, xiànzài zhèngzài mángzhe zhǎo gōngzuò,

所以 今年 回不去。 小 李 打算 找到 工作
suǒyǐ jīnnián huíbuqù. Xiǎo Lǐ dǎsuan zhǎodào gōngzuò

以后 回国 看看 家人， 还 想 跟 家人
yǐhòu huíguó kànkan jiārén, hái xiǎng gēn jiārén

一起 去 哪儿 旅游。
yìqǐ qù nǎr lǚyóu.

DL 180~182

CD2-86~88

1 "快 / 快要 / 就要〜了"　　もうすぐ〜だ

快 十二 点 了，该 睡觉 了。
Kuài shí'èr diǎn le,　gāi shuìjiào le.

快要 到 车站 了。
Kuàiyào dào chēzhàn le.

具体的な時間を表す語句を前に伴うときには"就要〜了"が用いられます。

下 星期 就要 考试 了，怎么 办？
Xià xīngqī jiùyào kǎoshì le,　zěnme bàn?

ドリル　次の日本語を中国語に訳しましょう。

⑴ もうすぐ春休みだ！（"放"（第8課）を使って）　..

⑵ 彼はもう、あさってには中国に帰る。　..

2 自然現象

【覚えよう】

下 雨 xià yǔ ［雨が降る］　　　下 雪 xià xuě ［雪が降る］

刮 风 guā fēng ［風が吹く］　　打 雷 dǎ léi ［雷が鳴る］

快要 下 雪 了。
Kuàiyào xià xuě le.

外面 下着 雨 呢，你 还是 别 出去 了。
Wàimiàn xiàzhe yǔ ne,　nǐ　háishi bié chūqu le.

ドリル　次の日本語を中国語に訳しましょう。

⑴ 昨日は大雪（"大雪 dàxuě"）が降った。　..

⑵ 最近毎日強い風（"大风 dàfēng"）が吹いている。　..

3 可能補語

動詞と補語の間に
"得 de / 不 bu"を挿入　　　【可能補語】

写完 xiěwán 【結果補語】☞第9課ポ1　　　　⇨　　写得完 xiědewán / 写不完 xiěbuwán

回来 huílai 【方向補語】☞第12課ポ1　　　　　　回得来 huídelái / 回不来 huíbulái

鞋 这么 脏，洗得干净 吗？
Xié zhème zāng, xǐdegānjìng ma?

钱包 丢 了，怎么 也 找不到。
Qiánbāo diū le, zěnme yě zhǎobudào.

唉，我 没 赶上 末班车，回不去 了。
Ài,　wǒ méi gǎnshang mòbānchē, huíbuqù le.

【色々な「～できない」（可能補語を用いた形）】

买不起 mǎibuqǐ［(値段が高くて) 買えない］　　买不到 mǎibudào［(物がなくて) 買えない］

吃不了 chībuliǎo［(量が多くて) 食べきれない］　　来不及 láibují［間に合わない］

那 辆 车 太 贵 了，我 买不起。
Nà liàng chē tài guì le, wǒ mǎibuqǐ.

这么 多 菜 我 一 个 人 吃不了。
Zhème duō cài wǒ yí ge rén chībuliǎo.

ドリル　次の日本語を中国語に訳しましょう。

(1) 韓国語は私は（聞いても）分からない。 ....

(2) この本は日本では買えない（手に入らない）。 ....

4 複文

DL 183,184
CD2-89,90

只要～就…【～しさえすれば…】

你 只要 好好儿 学下去，就 一定 能 学好 汉语。
Nǐ zhǐyào hǎohāor xuéxiaqu, jiù yídìng néng xuéhǎo Hànyǔ.

不但～而且…【～だけでなく（、さらに）…】

那 家 餐厅 不但 不 好吃，而且 很 贵。
Nà jiā cāntīng búdàn bù hǎochī, érqiě hěn guì.

因为～所以…【～なので…】

她 因为 有点儿 不 舒服，所以 今天 不 去 玩儿 了。
Tā yīnwei yǒudiǎnr bù shūfu, suǒyǐ jīntiān bú qù wánr le.

虽然～但是…【～ではあるが（、しかし）…】

他 虽然 没 来过 日本，但是 日语 说得 很 好。
Tā suīrán méi láiguo Rìběn, dànshì Rìyǔ shuōde hěn hǎo.

5 疑問詞の不定用法

我们 去 哪儿 玩儿 吧。　　谁 能 回答 这个 问题 吗？
Wǒmen qù nǎr wánr ba.　　Shéi néng huídá zhèige wèntí ma?

ドリル　日本語に合うように、（　）内の語句を並べ替えましょう。

(1) 何か用ですか。　　(2) 君たち、何か質問ありますか。

（ 有 / 什么 / 吗 / 你 / 事 ）？　　（ 问题 / 没有 / 你们 / 什么 / 有 ）？

第13課

93

1 | 日本語に合うように、（　　）内の語句を並べ替えましょう。

(1) 外は雪が降ってるよ。

外面（　着　/　下　/　呢　/　雪　）。

_____

(2) 夏休み、君はどこかに旅行に行くつもりなの？

暑假（　打算　/　你　/　吗　/　哪儿　/　去　/　旅游　）？

_____

(3) ドイツ語の小説、私は少しも分からない。

德语（　也　/　我　/　看不懂　/　的　/　一点儿　/　小说　）。

_____

2 | 次の日本語を中国語に訳しましょう。

(1) 何かいいニュース（"好消息"）ある？

_____

(2) 私は1時間では戻ってこられない。（可能補語の形で）

_____

(3) こんなにたくさんの宿題（"作业"）、私は終わらせることができない。（"做完"を可能補語の形で）

_____

新出語句⑵

DL 185

CD2-91

1 快～了 kuài~le　もうすぐ～だ

2 该 gāi　助動 ～しなければならない

3 考试 kǎoshì　動 試験をする

4 怎么办 zěnme bàn　どうしよう

5 还是 háishi　副 やはり

6 脏 zāng　形 汚い

7 怎么也（＋否定形）zěnme yě
　　どうしても（～ない）

8 唉 ài　感嘆 ああ；やれやれ
　　（悲しんだり、惜しんだりする気持ちを表す）

9 赶上 gǎnshang　間に合う；追いつく

10 末班车 mòbānchē　名 終電；終バス

11 辆 liàng　量 台（自動車・自転車などを数える）

12 只要～就… zhǐyào~jiù…
　　～しさえすれば…

13 不但～而且… búdàn~érqiě…
　　～だけでなく（、さらに）…

14 餐厅 cāntīng　名 レストラン

15 舒服 shūfu　形 気持ちがよい；心地よい；
　　気分がよい

16 虽然～但是… suīrán~dànshì…
　　～ではあるが（、しかし）…

17 回答 huídá　動 回答する；答える

3 音声を聞いて空欄に簡体字とピンインを入れた上で、全文を日本語に訳しましょう。

DL 186
CD2-92

(1) (　　　　　　　　　) 了，你们 快 回 家 吧。
　　(　　　　　　　　　) le,　nǐmen kuài huí jiā　ba.

- -

(2) 他 来 中国 (　　　　　　　　　) 一 年 了。
　　Tā lái Zhōngguó (　　　　　　　　　) yì nián le.

- -

(3) (　　　　　　　) 他 想 去 玩儿，(　　　　　　　　) 没有 钱。
　　(　　　　　　　) tā xiǎng qù wánr,　(　　　　　　　　) méiyou qián.

- -

4 日本語訳をヒントに、(　　) 内に適切な中国語を入れた上で、音声を聞いて確認して
会話練習をしてみましょう。

DL 187
CD2-93

学生 A：明天 (　　　　　) 考试 了，怎么 办？ [明日、もう試験だ。どうしよう。]
　　　　Míngtiān (　　　　) kǎoshì le,　zěnme bàn?

学生 B：现在 学习 也 (　　　　　　) 了，咱们 去 (　　　　) 玩儿 吧！
　　　　Xiànzài xuéxí yě (　　　　　　) le,　zánmen qù (　　　　) wánr ba!
　　　　[今勉強しても、もう間に合わないから、どこかへ遊びに行こうよ！]

学生 A：(　　　　) 我 也 想 去 玩儿，(　　　　) 没有 钱。
　　　　(　　　　) wǒ yě xiǎng qù wánr,　(　　　　) méiyou qián.
　　　　[僕も遊びに行きたいけど、お金がないんだよ。]

学生 B：那 咱们 还是 学习 吧。 [じゃあ、やっぱり勉強しようか。]
　　　　Nà zánmen háishi xuéxí ba.

　　　　(教科書を開いて少し見て) 唉，一点儿 也 (　　　　　　　)。 [ああ、全然 (読ん
　　　　　　　　　　　　　　　Ài,　yìdiǎnr yě (　　　　　　　). 　　で) 分からないよ。]

補 充 語 句

【各種動作 (VO の形)】

DL 188
CD2-94

　　做菜 zuò cài [料理を作る]　　　　发电子邮件 fā diànzǐ yóujiàn [メールを送る]
　　包饺子 bāo jiǎozi [ギョーザを作る]　　查词典 chá cídiǎn [辞書を引く]
　　　　　　　　　　　　　　　　　　　　　　　　　　※ "查" は「調べる」の意味

索　引

d

dǎ	打	（スポーツを）する	9
dǎ(diànhuà)	打（电话）	（電話を）かける	6
dǎgōng	打工	アルバイトをする	5
dǎ léi	打雷	雷が鳴る	13
dǎsuan	打算	～するつもりである	7
dà	大	大きい	2
dàfēng	大风	強い風	13
Dàjiā hǎo.	大家好。	（皆さん）こんにちは。	1
dàxué	大学	大学	1
dàxuéshēng	大学生	大学生	1
dàxuě	大雪	大雪	13
dài	戴	（装身具を）身につける	10
dài yǎnjìng	戴眼镜	眼鏡をかける	10
dàn	但	しかし	2
dànshì	但是	しかし；でも	7
dàngāo	蛋糕	ケーキ	5
dàngāodiàn	蛋糕店	ケーキ屋	5
dāng	当	～になる	6
dàngzuò	当作	～と見なす	11
dào	到（动词）	至る；到達する	6
dào	到（补语）	目標の達成を表す	9
dàoli	道理	道理	12
Déguó	德国	ドイツ	1
Déyǔ	德语	ドイツ語	1
de	的	～の	1
de	得（助詞）	動詞・形容詞の後に置いて補語を導く	10
děi	得	～しなければならない	9
děng	等（動詞）	待つ	10
děng	等（助詞）	～など	12
Díshìní Lèyuán	迪士尼乐园	ディズニーランド	7
dìdi	弟弟	弟	2
dìtiě	地铁	地下鉄	8
diǎn	点	時（時間の単位）	5
diànchē	电车	電車	6
diànhuà	电话	電話	6
diànnǎo	电脑	コンピューター；パソコン	1
diànshì	电视	テレビ	2
diànshìjù	电视剧	テレビドラマ	11
diànyǐng	电影	映画	2
diànyǐngyuàn	电影院	映画館	4
diànzǐ cídiǎn	电子词典	電子辞書	3
diànzǐ yóujiàn	电子邮件	メール	13
diū	丢	なくす	12
dōngtiān	冬天	冬	7
dōngxi	东西	物；品物	5
dǒng	懂	理解する；分かる	9
dònghuàpiàn	动画片	アニメ映画；アニメーション	2
dòngzuòpiàn	动作片	アクション映画	2
dōu	都	すべて	1
duǎn	短	短い	2
duì	对（形容詞）	正しい	2
duì	对（介詞）	～に対して	10
Duìbuqǐ.	对不起。	すみません。	0
duìmiàn(r)	对面（儿）	向かい	3
duō	多（形容詞）	多い	2
duō	多（副詞）	どれくらい～	6
duō	多（数詞）	～あまり	9
duō dà	多大	何歳か	4
duōle	多了	ずっと～だ（形容詞・動詞の後に置き、差が大きいことを表す）	9
duōshao	多少	いくつ；どのくらい	7
Duōshao qián?	多少钱？	いくらですか。	7

e

è	饿	腹が空いている	12
érqiě	而且	そのうえ	12
èr	二	2	0

f

fā (diànzǐ yóujiàn)	发（电子邮件）	（メールを）送る	13
fāyīn	发音	発音	10
Fǎguó	法国	フランス	1
fǎguócài	法国菜	フランス料理	10
Fǎyǔ	法语	フランス語	1
fàn	饭	ご飯	2
fāngbiàn	方便	便利である	11
fāngfǎ	方法	方法	9
fàng	放	休みになる	8
fàng	放	置く	10
fēicháng	非常	非常に	4
fēijī	飞机	飛行機	8
fēn	分	分（時間の単位）	5
fēn	分	分（貨幣の単位）	7
fēnzhōng	分钟	～分間	9
fēngjǐng	风景	風景；景色	9
fùjìn	附近	付近	4
fùqin	父亲	父	2
Fùshìshān	富士山	富士山	6

g

gālífàn	咖喱饭	カレーライス	10
gāi	该	～しなければならない	13
gānjìng	干净	きれいだ	9
gǎndào	感到	感じる；思う	11
gǎndòng	感动	感動する	12
gǎnmào	感冒	風邪を引く	11
gǎnshang	赶上	間に合う；追いつく	13
gàn	干	する；やる	8
gāngqín	钢琴	ピアノ	8
gāo	高	（背が）高い	2
gāoxìng	高兴	うれしい	5
gāozhōngshēng	高中生	高校生	6
gàosu	告诉	告げる；知らせる	5
gē	歌	歌	2

gēge	哥哥	兄	2
gèzi	个子	背；身長	3
ge	个	個数を数える	4
gěi	给（動詞）	（人に物を）与える	5
gěi	给（介詞）	～に（行為の受け手を導く）	6
gēn	跟（介詞）	～と	13
gēn ~ yìqǐ	跟～一起	～と一緒に	13
gēn ~ yíyàng	跟～一样	～と同じだ	7
gōngchéngshī	工程师	エンジニア	6
gōngjù	工具	道具	11
gōngzuò	工作（名詞）	仕事	3
gōngzuò	工作（動詞）	働く	5
gōngfēn	公分	センチメートル	7
gōngjīn	公斤	キログラム	6
gōngwùyuán	公务员	公務員	6
gōngyuán	公园	公園	4
gǒu	狗	犬	4
gùxiāng	故乡	故郷；ふるさと	13
guā fēng	刮风	風が吹く	13
guì	贵	（値段が）高い	2
guìxìng	贵姓	お名前	1
guó	国	国（ただし単独では使えない）	3
guò	过（動詞）	過ぎる	12
guònián	过年	新年を祝う；正月を迎える	13
guo	过（助詞）	～したことがある（経験を表す）	7

<h2>h</h2>

hái	还	さらに	4
hái	还	まだ	6
háishi	还是（接続詞）	それとも	4
háishi	还是（副詞）	やはり	13
háiyǒu	还有	それから；そして	7
háizi	孩子	子ども	4
Hánguó	韩国	韓国	1
Hányǔ	韩语	韓国語	1
hànbǎobāo	汉堡包	ハンバーガー	10
Hànyǔ	汉语	中国語	1
hǎo	好（形容詞）	よい	2
hǎo	好（補語）	動作の完成を表す（結果補語）	9
hǎochī	好吃	（食べて）おいしい	3
hǎohāor	好好儿	しっかりと	9
hǎo ma?	好吗？	いいですか	7
hǎoxīn	好心	善意；親切心	12
hào	号	日（日にちを表す）	5
hàomǎ	号码	番号	11
hē	喝	飲む	2
hé	和	～と	2
hěn	很	とても	2
hòubian(r)	后边（儿）	後ろ	3
hòumiàn(r)	后面（儿）	後ろ	3
hòutiān	后天	あさって	5

hùshi	护士	看護師	6
huài	坏	壊れている	12
Huánghé	黄河	黄河	6
huí	回	帰る	5
huíbuqù	回不去	帰っていくことができない（可能補語の形）	13
huídá	回答	回答する；答える	13
huíguó	回国	帰国する	13
huí jiā	回家	帰宅する	5
huì	会	①～できる ②～だろう；～のはずだ	8
huìhuà	会话	会話	8
huódòng	活动	活動	10

<h2>j</h2>

jīpiào	机票	航空券	7
jíle	极了	（形容詞・動詞の後に置き）きわめて	9
jǐ	几	いくつ	4
jì	寄	郵送する	12
jiā	家（名詞）	家	4
jiā	家（量詞）	商店や企業を数える	4
jiārén	家人	家族	13
jiàgé	价格	価格	3
jiàzhào	驾照	運転免許証	12
jiǎndān	简单	簡単である	8
jiàn	件	着；件	4
jiàn	见	知覚した結果を表す	9
jiānglái	将来	将来	6
jiāo	教	教える	5
jiǎo	角	角（貨幣の単位）	7
jiǎozi	饺子	ギョーザ	13
jiào	叫	名前を～という	1
jiào	叫（使役）	～させる	11
jiào	叫（受身）	～に（～される）	12
jiàoshī	教师	教員	6
jiàoshì	教室	教室	12
jiàoshìlóu	教室楼	教室棟	3
jiějie	姐姐	姉	2
jièshào	介绍	紹介する	8
jīnnián	今年	今年	4
jīntiān	今天	今日	3
jìn	近	近い	6
jìn	进	入る	12
jīngjù	京剧	京劇	7
jiǔ	九	9	0
jiù	就	まさしく；まさに	3
jiùyào ~ le	就要~了	もうすぐ～だ	13
júzi	橘子	ミカン	5

<h2>k</h2>

kāfēi	咖啡	コーヒー	4
kǎlā OK	卡拉 OK	カラオケ	7
kāichē	开车	車を運転する	8
kāishǐ	开始	始まる	6

kàn	看	見る；読む	2
kànqilai	看起来	見たところ	12
kǎolù	考虑	考える	11
kǎoshì	考试	試験をする	13
kě	可	しかし	12
kě'ài	可爱	かわいい	4
Kěkǒu kělè	可口可乐	コカ・コーラ	7
kěshì	可是	しかし；でも	6
kěyǐ	可以	～できる（可能・許可を表す）	8
kè	课	授業	3
kèběn	课本	教科書；テキスト	2
kè	刻	15分	5
kǒngbùpiàn	恐怖片	ホラー映画	2
kǒu	口	家族の人数を数える	4
kū	哭	泣く	11
kùzi	裤子	ズボン	4
kuài	块	元（貨幣の単位）	7
kuài	快	（速度が）はやい	9
kuàicān	快餐	ファーストフード	10
kuài ~ le	快～了	もうすぐ～だ	13
kuàiyào ~ le	快要～了	もうすぐ～だ	13

l

là	辣	辛い	7
lái	来	来る	2
láibují	来不及	間に合わない	13
lánqiú	篮球	バスケットボール	9
lǎolao	姥姥	（母方の）祖母	2
lǎoye	姥爷	（母方の）祖父	2
lǎoshī	老师	先生；教師	1
Lǎoshī hǎo!	老师好！	先生、こんにちは。	0
le	了（完了）	動詞の後に置いて完了・実現を表す	5
le	了（変化）	～した：～なった（変化・新たな状況の発生を表す）	6
lěng	冷	寒い	2
lí	离	～から（距離を表す）	6
lǐbian(r)	里边（儿）	中	3
lǐmiàn(r)	里面（儿）	中	3
li	里	～の中	3
lǐwù	礼物	プレゼント	8
lián	连	～すら；～さえ	12
liànxí	练习	練習する	9
liǎng	两	2（量詞の前に用いる）	4
liàng	辆	台（自動車・自転車などを数える）	13
liáo	聊	おしゃべりをする	11
líng	零	0	0
liúlì	流利	流ちょうである	10
liúxuéshēng	留学生	留学生	1
liù	六	6	0
lóu	楼	（高い）建物；ビル	3
lù	路	道	4
lǚyóu	旅游	旅行する	8

lùshī	律师	弁護士	6

m

māma	妈妈	お母さん	1
ma	吗	～か（文末に用いられ、疑問を表す）	1
mǎi	买	買う	5
mǎibudào	买不到	（物がなくて）買えない	13
mǎibuqǐ	买不起	（値段が高くて）買えない	13
mǎi dōngxi	买东西	買い物をする	5
Màidāngláo	麦当劳	マクドナルド	7
màn	慢	（速度が）遅い	7
máng	忙	忙しい	2
mángzhe	忙着	～するのに忙しい	13
māo	猫	猫	4
máo	毛	角（貨幣の単位）	7
màozi	帽子	帽子	11
Méi guānxi.	没关系。	構いませんよ。	0
méiyou	没有（動詞）	ない	3
méi(you)	没（有）（副詞）	～しなかった；～していない	5
Měiguó	美国	アメリカ	1
Měiguórén	美国人	アメリカ人	1
měi tiān	每天	毎日	5
mèimei	妹妹	妹	1
Mīmi	咪咪	ミーミー〈名前〉	4
mǐ	米	メートル	8
miànbāo	面包	パン	2
miàntiáo	面条	麺類	10
míngbai	明白	分かる	11
Míngchéng Dàxué	明诚大学	明誠大学	1
míngnián	明年	来年	5
míngtiān	明天	明日	5
Míngtiān jiàn!	明天见！	また明日。	0
míngshèng gǔjì	名胜古迹	名所旧跡	8
míngzi	名字	名前	1
mótuōchē	摩托车	オートバイ	8
mòbānchē	末班车	終電；終バス	13
mǔqin	母亲	お母さん	1

n

ná	拿	（手で）持つ；取る	12
náchulai	拿出来	取り出す	12
nǎ	哪	どれ；どの	2
nǎge / něige	哪个	どれ；どの	2
nǎli	哪里	どこ	3
nǎr	哪儿	どこ	3
nǎxiē / něixiē	哪些	どれ；どの	2
nà	那（代詞）	あれ；あの；それ；その	2
nà	那（接続詞）	それでは；じゃあ	2
nàbian(r)	那边（儿）	あちら	3
nàge / nèige	那个	あれ；あの；それ；その	2

nàli	那里	あそこ；そこ	3
nàme	那么	あんなに；そんなに	7
nàr	那儿	あそこ；そこ	3
nàxiē / nèixiē	那些	あれら（の）	2
nǎinai	奶奶	（父方の）祖母	2
nán	难	難しい	2
ne	呢	〜は？（省略疑問）	2
ne	呢	状態の持続を表す	8
nèiróng	内容	内容	2
néng	能	〜できる	8
nǐ	你	あなた	1
Nǐ hǎo!	你好！	こんにちは。	0
nǐmen	你们	あなたたち	1
nián	年	年	5
niàn	念	（声を出して）読む	11
niǎo	鸟	鳥	4
nín	您	"你"の敬称	1
nòng	弄	いじる	12
nònghuài	弄坏	壊す	12

p

pāizhào	拍照	写真を撮る	8
páiqiú	排球	バレーボール	9
pángbiān(r)	旁边（儿）	そば	3
pàng	胖	太っている	2
pǎo	跑	走る	10
péngyou	朋友	友達	1
piányi	便宜	安い	2
piàn	骗	だます	12
piào	票	チケット；切符	4
piàoliang	漂亮	きれいである	9
pīngpāngqiú	乒乓球	卓球	9
píngguǒ	苹果	リンゴ	5
píngshí	平时	ふだん	5
pútao	葡萄	ブドウ	5

q

qī	七	7	0
qīdài	期待	期待する；待ち望む	10
qí	骑	（自転車などに）乗る	8
qǐ	起	上がる	12
qilai	起来（補語）	（動作や状態の）開始を表す	12
qiān	千	1000	4
qián	前	（時間的に）前；以前	6
qiánbian(r)	前边（儿）	前	3
qiánmiàn(r)	前面（儿）	前	3
qiánnián	前年	おととし	10
qiántiān	前天	おととい	5
qián	钱	お金；貨幣	7
qiánbāo	钱包	財布	3
qǐng	请	どうぞ（〜してください）	7
qǐng	请	お願いする；頼む；ごちそうする	10

Qǐng duō guānzhào.	请多关照。	よろしくお願いします。	1
qù	去	行く	2
qùnián	去年	去年	5
quèshí	确实	確かに	11
qúnzi	裙子	スカート	11

r

ràng	让（使役）	〜させる	11
ràng	让（受身）	〜に（〜される）	12
rè	热	暑い	2
règǒu	热狗	ホットドック	7
rén	人	人	4
rènshi	认识	知り合う；見知っている	10
Rìběn	日本	日本	1
Rìběnrén	日本人	日本人	1
rìcháng	日常	日常の	8
Rìyǔ	日语	日本語	1

s

sān	三	3	0
sānmíngzhì	三明治	サンドイッチ	10
sǎn	伞	かさ	4
sǎngzi	嗓子	のど	12
sì	四	4	0
sòng	送	贈る；プレゼントする	5
sùdù	速度	速度；スピード	9
suīrán 〜 dànshì…	虽然〜但是…	〜ではあるが（、しかし）…	13
suì	岁	〜歳	4
suìshu	岁数	年齢；年	4
suǒyǐ	所以	だから	7

sh

shàng	上（動詞）	のぼる	12
shàngbian(r)	上边（儿）	上	3
shàng (ge) xīngqī	上（个）星期	先週	5
shàng (ge) yuè	上（个）月	先月	5
Shànghǎi	上海	上海	7
shàngkè	上课	授業に出る	8
shàngmiàn(r)	上面（儿）	上	3
shàngwǔ	上午	午前	5
shàngxué	上学	学校に通う	11
shang	上（方位詞）	〜の上；〜の表面	(3)4
shǎo	少（形容詞）	少ない	2
shǎo	少（動詞）	なくなる；紛失する	12
shéi	谁	誰	3
shénme	什么	何；どんな	1
shénme shíhou	什么时候	いつ	6
shēnghuó	生活	生活	11
shēngqì	生气	怒る；腹を立てる	7
shēngrì	生日	誕生日	5
shēngrì dàngāo	生日蛋糕	バースデーケーキ	5
shí	十	10	0

shíhou	时候	時	7	wǎn	晚	（時間が）遅い	9
shíjiān	时间	時間	6	wǎnshang	晚上	夜；晩	5
shítáng	食堂	食堂	3	wàn	万	万	4
shǐ	使	～させる	11	wǎngqiú	网球	テニス	9
shì	是	～である	1	wàng	忘	忘れる	11
shì ~ de	是～的	～のだ	10	wèile	为了	～するために	9
shì ma?	是吗？	そう（なん）ですか（確認するのに用いる）	8	wèn	问	尋ねる	6
				wèntí	问题	問題；質問	6
shì	事	事	4	wǒ	我	私	1
shǒubiǎo	手表	腕時計	11	wǒmen	我们	私たち	1
shǒujī	手机	携帯電話	4	wūlóngchá	乌龙茶	ウーロン茶	2
shū	书	本	1	wǔ	五	5	0
shūbāo	书包	かばん	3	wǔfàn	午饭	昼食	3
shūdiàn	书店	本屋	4				
shūfu	舒服	気持ちがよい；心地よい；気分がよい	13				

X

shǔjià	暑假	夏休み	6	xǐ	洗	洗う	9
shuì	睡	寝る	10	xǐshǒujiān	洗手间	トイレ；お手洗い	3
shuìjiào	睡觉	寝る	6	xǐhuan	喜欢	好む；好きである	2
shuō	说	話す；言う	2	xià	下	（雨や雪が）降る	8
shuōhuà	说话	話す	9	xià	下	くだる	12
				xiàbian(r)	下边（儿）	下	3
				xià (ge) xīngqī	下（个）星期	来週	5

t

				xià (ge) yuè	下（个）月	来月	5
tā	他	彼	1	xiàmiàn(r)	下面（儿）	下	3
tāmen	他们	彼ら	1	xiàwǔ	下午	午後	3
tā	她	彼女	1	xià xuě	下雪	雪が降る	13
tāmen	她们	彼女ら	1	xià yǔ	下雨	雨が降る	13
tā	它	それ	1	xiaqu	下去（補語）	（動作や状態の）継続を表す	12
tāmen	它们	それら	1				
táicí	台词	セリフ	9	xiàtiān	夏天	夏	7
tài	太	あまりにも；ひどく	3 11	xiànzài	现在	現在；今	3
tán (gāngqín)	弹（钢琴）	（ピアノを）弾く	8	xiāngjiāo	香蕉	バナナ	5
tǎng	躺	横になる	10	xiǎng	想（助動詞）	～したい	6
téng	疼	痛い	12	xiǎng	想（動詞）	考える	11
tī	踢	ける	9	xiǎngchulai	想出来	思いつく	12
tiān	天	～日間	9	xiǎngqi	想起	思い出す	13
Tiān'ānmén Guǎngchǎng	天安门广场	天安門広場	3	xiǎngqilai	想起来	思い出す	12
				xiāoxi	消息	ニュース；知らせ	11
tiānqì	天气	天気	3	xiǎo	小	小さい	2
tiáo	条	細長いものを数える	4	Xiǎo	小	～さん；～君	13
tīng	听	聞く	2	xiǎoháir	小孩儿	子ども	12
tīnglì	听力	聞き取り能力；リスニング	9	Xiǎo Lǐ	小李	李さん	13
				xiǎoshí	小时	時間（時を数える単位）	5
tīngshuō	听说	（話を）聞いている；～だそうだ	7				
tóngxué	同学	クラスメート	1	xiǎozǔ	小组	サークル；グループ	10
tōu	偷	盗む	12	xiàoyuán	校园	キャンパス	3
túshūguǎn	图书馆	図書館	1	xié	鞋	靴	11
				xiě	写	書く	2

w

				Xièxie.	谢谢。	ありがとう。	0
wàibian(r)	外边（儿）	外	3	xìn	信	手紙	2
wàimiàn(r)	外面（儿）	外	3	xīngqī	星期	①曜日 ②週；週間	5
wàiyǔ	外语	外国語	10	xīngqī'èr	星期二	火曜日	5
wán	完	～し終わる（結果補語）	9	xīngqīliù	星期六	土曜日	5
				xīngqīrì	星期日	日曜日	5
wánr	玩儿	遊ぶ	5	xīngqīsān	星期三	水曜日	5
				xīngqīsì	星期四	木曜日	5

xīngqītiān	星期天	日曜日	5
xīngqīwǔ	星期五	金曜日	5
xīngqīyī	星期一	月曜日	5
xìng	姓	名字は～である	1
xiōngdì jiěmèi	兄弟姐妹	兄弟姉妹	3
xiūxi	休息	休む；休憩する	8
xūyào	需要	必要とする	6
xǔduō	许多	たくさんの	8
xué	学	学ぶ	7
xuésheng	学生	学生；生徒	1
xuéxí	学习	勉強する	8
xuéxiào	学校	学校	6
xuě	雪	雪	13

y

yǎnjìng	眼镜	眼鏡	10
yǎnjing	眼睛	目	10
yǎnyuán	演员	俳優	9
yào	要	～したい	6
yào	要	～するつもりだ	8
yào	要	～しなければならない	9
yàomìng	要命	(補語として用いて)程度が甚だしいことを表す	12
yéye	爷爷	(父方の) 祖父	2
yě	也	～も	1
Yěcūn Xiángtài	野村翔太	野村翔太〈人名〉	1
yī	一	1	0
yìbiān ~ yìbiān…	一边～一边…	～しながら…する…	11
yíbùfen	一部分	一部分	11
yìdiǎnr	一点儿	少し	7
yídìng	一定	きっと；必ず	2
yígòng	一共	全部で	10
yī ~ jiù…	一～就…	～すると (すぐに)…	11
yìqǐ	一起	一緒に	2
yíxià	一下	ちょっと (～する；してみる)	11
yìxiē	一些	いくつか；いくらか	8
yīfu	衣服	服	4
yīlài	依赖	頼る；依存する	11
yīshēng	医生	医者	6
yǐhòu	以后	～の後；その後	13
yǐqián	以前	以前	7
yǐwéi	以为	～と思う；思い込む	12
yǐjīng	已经	すでに；もう	6
yǐzi	椅子	椅子	4
yìjian	意见	意見	7
yīnwei ~ suǒyǐ…	因为～所以…	～なので (、だから)…	13
yīnyuè	音乐	音楽	2
yínháng	银行	銀行	3
yínhángkǎ	银行卡	キャッシュカード	12
yīnggāi	应该	～すべきである	9
Yīngguó	英国	イギリス	1
Yīngwén	英文	英語	10

Yīngyǔ	英语	英語	1
yóu	游	泳ぐ	8
yóujú	邮局	郵便局	3
yǒu	有	持っている	3
yǒu	有	いる；ある	4
yǒudiǎnr	有点儿	ちょっと	7
yǒu yìsi	有意思	面白い	2
yòubian(r)	右边 (儿)	右	3
yòumiàn(r)	右面 (儿)	右	3
yòu ~ yòu…	又～又…	～であり、また…でもある	12
yú	鱼	魚	4
yǔ	雨	雨	8
yǔmáoqiú	羽毛球	バドミントン	9
yuán	元	元 (貨幣の単位)	7
yuǎn	远	遠い	6
yuè	月	月 (時間の単位)	5
yuè lái yuè	越来越	ますます～	8
yuè ~ yuè…	越～越…	～すればするほど…	8

z

zázhì	杂志	雑誌	4
zài	在 (動詞)	いる；ある	3
zài	在 (介詞)	～で (場所を表す)	5
zài	在 (副詞)	～しているところだ (進行を表す)	8
zài	再	再び	8
Zàijiàn!	再见!	さようなら。	0
zánmen	咱们	私たち (聞き手を含む)	1
zāng	脏	汚い	13
Zǎoshang hǎo!	早上好!	おはよう。	0
zěnme	怎么	どのように	10
zěnme bàn	怎么办	どうしよう	13
zěnmeyàng	怎么样	どうですか	7
zěnme yě	怎么也	どうしても	13
zìxíngchē	自行车	自転車	8
zǒu	走	①行く ②歩く	10
zǒu	走	(その場から) 離れる；行く	12
zǒulù	走路	(道を) 歩く	11
zúqiú	足球	サッカー	9
zúqiú yùndòngyuán	足球运动员	サッカー選手	6
zuì	醉	酔う	9
zuìjìn	最近	最近	6
zuótiān	昨天	昨日	5
zuǒbian(r)	左边 (儿)	左	3
zuǒmiàn(r)	左面 (儿)	左	3
zuò	做	作る	5
zuò	做	する	6
zuò gōngzuò	做工作	仕事をする	6
zuò zuòyè	做作业	宿題をする	9
zuò	坐	(乗り物に) 乗る	8
zuò	坐	座る	10
zuòyè	作业	宿題	9

zh

zhàn	站	立つ	12
zhànqilai	站起来	立ち上がる	12
zhāng	张（量詞）	平らな面を持つものを数える	4
Zhāng	张（姓）	張〈姓〉	8
zhǎng	长	成長する	10
zháojí	着急	焦っている	12
zhǎo	找	探す	9
zhàopiàn	照片	写真	4
zhè	这	これ；この；それ；その	2
zhèbian(r)	这边（儿）	こちら	3
zhèli	这里	ここ	3
zhème	这么	こんなに；そんなに	7
zhèr	这儿	ここ	3
zhèxiē/zhèixiē	这些	これら	2
zhe	着	持続を表す	10
zhèige/zhège	这个	これ；この；それ；その	2
zhèi(ge) xīngqī	这（个）星期	今週	5
zhèi(ge) yuè	这（个）月	今月	5
zhēn	真	本当に	2
zhèngzài	正在	ちょうど〜している	8
zhī	只（量詞）	動物を数える	4
zhī	支	棒状のものを数える	5
zhīdao	知道	知っている	10
zhǐ	纸	紙	4
zhǐ	只（副詞）	ただ	11
zhǐyào ～ jiù…	只要～就…	〜しさえすれば…	13
zhǐdǎo	指导	指導する	10
Zhōngguó	中国	中国	1
zhōngguócài	中国菜	中華料理	10
Zhōngguórén	中国人	中国人	1
zhòng	重	重い	6
zhòngyào	重要	重要である	12
zhuōzi	桌子	机	4

ご採用の先生方へ

本テキストに付録している plus+Media の文法解説動画の中に確認問題を挿入しています。この文法解説動画の確認問題は、次に説明する CheckLink に対応しています。（このテキスト自体には CheckLink 対応の問題はありませんのでご注意ください）。

CheckLink を使用しなくても問題ありませんが、反転授業などにご活用いただける、授業活性化に役立つツールです。右ページをご参考いただき、ぜひご活用ください。

なお、付録の内容などの詳しい説明は、教授用資料にありますので、そちらもご参考いただけますと幸いです。

本書は CheckLink（チェックリンク）対応テキストです。

CheckLink のアイコンが表示されている設問は、CheckLink に対応しています。

CheckLink を使用しなくても従来通りの授業ができますが、特色をご理解いただき、授業活性化のためにぜひご活用ください。

CheckLink の特色について

　大掛かりで複雑な従来の e-learning システムとは異なり、CheckLink のシステムは大きな特色として次の３点が挙げられます。

1. これまで行われてきた教科書を使った授業展開に大幅な変化を加えることなく、専門的な知識なしにデジタル学習環境を導入することができる。
2. PC 教室や CALL 教室といった最新の機器が導入された教室に限定されることなく、普通教室を使用した授業でもデジタル学習環境を導入することができる。
3. 授業中での使用に特化し、教師・学習者双方のモチベーション・集中力をアップさせ、授業自体を活性化することができる。

▶教科書を使用した授業に「デジタル学習環境」を導入できる

　本システムでは、学習者は教科書の CheckLink のアイコンが表示されている設問に PC やスマートフォン、アプリからインターネットを通して解答します。そして教師は、授業中にリアルタイムで解答結果を把握し、正解率などに応じて有効な解説を行うことができるようになっています。教科書自体は従来と何ら変わりはありません。解答の手段として CheckLink を使用しない場合でも、従来通りの教科書として使用して授業を行うことも、もちろん可能です。

▶教室環境を選ばない

　従来の多機能な e-learning 教材のように学習者側の画面に多くの機能を持たせることはせず、「解答する」ことに機能を特化しました。PC だけでなく、一部タブレット端末やスマートフォン、アプリからの解答も可能です。したがって、PC 教室や CALL 教室といった大掛かりな教室は必要としません。普通教室でも CheckLink を用いた授業が可能です。教師は PC だけでなく、一部タブレット端末やスマートフォンからも解答結果の確認をすることができます。

▶授業を活性化するための支援システム

　本システムは予習や復習のツールとしてではなく、授業中に活用されることで真価を発揮する仕組みになっています。CheckLink というデジタル学習環境を通じ、教師と学習者双方が授業中に解答状況などの様々な情報を共有することで、学習者はやる気を持って解答し、教師は解答状況に応じて効果的な解説を行う、という好循環を生み出します。CheckLink は、普段の授業をより活力のあるものへと変えていきます。

　上記３つの大きな特色以外にも、掲示板などの授業中に活用できる機能を用意しています。従来通りの教科書としても使用はできますが、ぜひ CheckLink の機能をご理解いただき、普段の授業をより活性化されたものにしていくためにご活用ください。

CheckLink の使い方

CheckLink は、PCや一部のタブレット端末、スマートフォン、アプリを用いて、この教科書にある ⟲CheckLink のアイコン表示のある設問に解答するシステムです。

・初めてCheckLinkを使う場合、以下の要領で**「学習者登録」**と**「教科書登録」**を行います。

・一度登録を済ませれば、あとは毎回**「ログイン画面」**から入るだけです。CheckLinkを使う教科書が増えたときだけ、改めて**「教科書登録」**を行ってください。

CheckLink URL

https://checklink.kinsei-do.co.jp/student/

 登録は CheckLink 学習者用**アプリ**が便利です。ダウンロードはこちらから ▶ ▶ ▶

▶学習者登録 (PC /タブレット/スマートフォンの場合)

①上記URLにアクセスすると、右のページが表示されます。学校名を入力し「ログイン画面へ」を選択してください。
　PCの場合は「PC用はこちら」を選択してPC用ページを表示します。同様に学校名を入力し「ログイン画面へ」を選択してください。

②ログイン画面が表示されたら**「初めての方はこちら」**を選択し「学習者登録画面」に入ります。

③自分の学籍番号、氏名、メールアドレス(学校のメールなど**PCメールを推奨**)を入力し、次に**任意のパスワードを8桁以上20桁未満**(半角英数字)で入力します。なお、学籍番号はパスワードとして使用することはできません。

④「パスワード確認」は、❸で入力したパスワードと同じものを入力します。

⑤最後に「登録」ボタンを選択して登録は完了です。次回からは、「ログイン画面」から学籍番号とパスワードを入力してログインしてください。

▶教科書登録

①ログイン後、メニュー画面から「教科書登録」を選び（PCの場合はその後「新規登録」ボタンを選択）、「教科書登録」画面を開きます。

②教科書と受講する授業を登録します。
教科書の最終ページにある、**教科書固有番号**のシールをはがし、印字された**16桁の数字とアルファベット**を入力します。

③授業を担当される先生から連絡された**11桁の授業ID**を入力します。

④最後に「登録」ボタンを選択して登録は完了です。

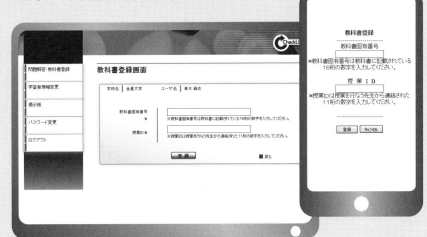

⑤実際に使用する際は「教科一覧」（PCの場合は「教科書選択画面」）の該当する教科書名を選択すると、「問題解答」の画面が表示されます。

▶問題解答

①問題は教科書を見ながら解答します。この教科書の CheckLink のアイコン表示のある設問に解答できます。

②問題が表示されたら選択肢を選びます。

③表示されている問題に解答した後「解答」ボタンを選択すると解答が登録されます。

▶CheckLink 推奨環境

PC

推奨 OS

   Windows 7, 10 以降

   MacOS X 以降

推奨ブラウザ

   Internet Explorer 8.0 以上

   Firefox 40.0 以上

   Google Chrome 50 以上

   Safari

携帯電話・スマートフォン

   3G 以降の携帯電話（docomo, au, softbank）

   iPhone, iPad（iOS9 ～）

   Android OS スマートフォン、タブレット

・最新の推奨環境についてはウェブサイトをご確認ください。

・上記の推奨環境を満たしている場合でも、機種によってはご利用いただけない場合もあります。また、推奨環境は技術動向等により変更される場合があります。

▶CheckLink 開発

CheckLink は奥田裕司 福岡大学教授、正興 IT ソリューション株式会社、株式会社金星堂によって共同開発されました。

CheckLink は株式会社金星堂の登録商標です。

CheckLink の使い方に関するお問い合わせは…

正興ITソリューション株式会社　CheckLink 係

e-mail checklink@seiko-denki.co.jp

このテキストのメインページ
www.kinsei-do.co.jp/plusmedia/0731

次のページの QR コードを読み取ると
直接ページにジャンプできます

オンライン映像配信サービス「plus⁺Media」について

本テキストの映像は plus⁺Media ページ（www.kinsei-do.co.jp/plusmedia）から、ストリーミング再生でご利用いただけます。手順は以下に従ってください。

ログイン

ログインページ

● ご利用には、ログインが必要です。
サイトのログインページ（www.kinsei-do.co.jp/plusmedia/login）へ行き、plus⁺Media パスワード（次のページのシールをはがしたあとに印字されている数字とアルファベット）を入力します。

● パスワードは各テキストにつき1つです。
有効期限は、はじめてログインした時点から1年間になります。

[利用方法]

次のページにある QR コード、もしくは plus⁺Media トップページ（www.kinsei-do.co.jp/plusmedia）から該当するテキストを選んで、そのテキストのメインページにジャンプしてください。

メニューページ　　　　再生画面

plus+Media トップ　　　メインページ

「Video」「Audio」をタッチすると、それぞれのメニューページにジャンプしますので、そこから該当する項目を選べば、ストリーミングが開始されます。

[推奨環境]

iOS (iPhone, iPad)	OS: iOS 12 以降 ブラウザ: 標準ブラウザ	Android	OS: Android 6 以降 ブラウザ: 標準ブラウザ、Chrome
PC	OS: Windows 7/8/8.1/10, MacOS X　ブラウザ: Internet Explorer 10/11, Microsoft Edge, Firefox 48以降, Chrome 53以降, Safari		

※最新の推奨環境についてはウェブサイトをご確認ください。
※上記の推奨環境を満たしている場合でも、機種によってはご利用いただけない場合もあります。また、推奨環境は技術動向等により変更される場合があります。予めご了承ください。

本テキストをご使用の方は以下の動画を視聴することができます。

発音解説・練習動画

解説パート
李軼倫先生が発音のコツをわかりやすく解説

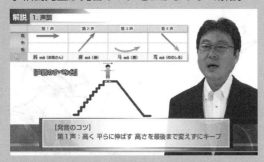

練習パート
チャンツを活用して、リズムに合わせて発音練習

文法解説動画
金子真生先生が文法について簡潔に解説

確認問題はCheckLinkで解答状況を確認

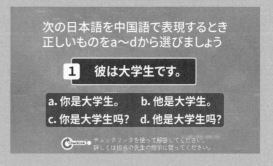

日中異文化理解動画

会話シーン

解説シーン

● 日本を舞台とした会話シーンでは、日本人学生と留学生のやり取りから、日中異文化を描いています。

● 解説シーンでは洪潔清先生による異文化理解の説明があります。

▶ここからはがして下さい
このシールをはがすと
plus⁺Media 利用のための
パスワードが
記載されています。

一度はがすと元に戻すことは
できませんのでご注意下さい。

731 初級中国語 plus⁺Media
この1冊 改訂版

▶ここからはがして下さい
このシールをはがすと
CheckLink 利用のための
「教科書固有番号」が
記載されています。

一度はがすと元に戻すことは
できませんのでご注意下さい。

731 初級中国語 この1冊 CheckLink
改訂版

初級中国語 この1冊 改訂版
－4技能の習得を目指して－

2023年1月9日 初版発行
2024年2月20日 第3刷発行

著 者 ©丸尾誠
勝川裕子
李軼倫
発行者 福岡正人
発行所 株式会社 金星堂

〒101-0051 東京都千代田区神田神保町 3-21
Tel. 03-3263-3828 Fax. 03-3263-0716
E-mail：text@kinsei-do.co.jp
URL：http://www.kinsei-do.co.jp

編集担当 川井義大 2-00-0731
組版／株式会社欧友社 印刷・製本／興亜産業

ISBN978-4-7647-0731-3 C1087

中国語音節表

	韻母 声母	介音なし																		
		a	o	e	-i[ɭ]	-i[ɿ]	er	ai	ei	ao	ou	an	en	ang	eng	-ong	i[i]	ia	iao	ie
	ゼロ	a	o	e			er	ai	ei	ao	ou	an	en	ang	eng		yi	ya	yao	ye
唇音	b	ba	bo					bai	bei	bao		ban	ben	bang	beng		bi		biao	bi
	p	pa	po					pai	pei	pao	pou	pan	pen	pang	peng		pi		piao	pi
	m	ma	mo	me				mai	mei	mao	mou	man	men	mang	meng		mi		miao	mi
	f	fa	fo						fei		fou	fan	fen	fang	feng					
舌尖音	d	da		de				dai	dei	dao	dou	dan	den	dang	deng	dong	di		diao	di
	t	ta		te				tai		tao	tou	tan		tang	teng	tong	ti		tiao	ti
	n	na		ne				nai	nei	nao	nou	nan	nen	nang	neng	nong	ni		niao	ni
	l	la		le				lai	lei	lao	lou	lan		lang	leng	long	li	lia	liao	li
舌根音	g	ga		ge				gai	gei	gao	gou	gan	gen	gang	geng	gong				
	k	ka		ke				kai	kei	kao	kou	kan	ken	kang	keng	kong				
	h	ha		he				hai	hei	hao	hou	han	hen	hang	heng	hong				
舌面音	j																ji	jia	jiao	jie
	q																qi	qia	qiao	qie
	x																xi	xia	xiao	xie
そり舌音	zh	zha		zhe	zhi			zhai	zhei	zhao	zhou	zhan	zhen	zhang	zheng	zhong				
	ch	cha		che	chi			chai		chao	chou	chan	chen	chang	cheng	chong				
	sh	sha		she	shi			shai	shei	shao	shou	shan	shen	shang	sheng					
	r			re	ri					rao	rou	ran	ren	rang	reng	rong				
舌歯音	z	za		ze		zi		zai	zei	zao	zou	zan	zen	zang	zeng	zong				
	c	ca		ce		ci		cai		cao	cou	can	cen	cang	ceng	cong				
	s	sa		se		si		sai		sao	sou	san	sen	sang	seng	song				

介音 i						介音 u									介音 ü			
iou	ian	in	iang	ing	iong	u	ua	uo	uai	uei	uan	uen	uang	ueng	ü	üe	üan	ün
you	yan	yin	yang	ying	yong	wu	wa	wo	wai	wei	wan	wen	wang	weng	yu	yue	yuan	yun
	bian	bin		bing		bu												
	pian	pin		ping		pu												
miu	mian	min		ming		mu												
						fu												
diu	dian			ding		du		duo		dui	duan	dun						
	tian			ting		tu		tuo		tui	tuan	tun						
niu	nian	nin	niang	ning		nu		nuo			nuan				nü	nüe		
liu	lian	lin	liang	ling		lu		luo			luan	lun			lü	lüe		
						gu	gua	guo	guai	gui	guan	gun	guang					
						ku	kua	kuo	kuai	kui	kuan	kun	kuang					
						hu	hua	huo	huai	hui	huan	hun	huang					
jiu	jian	jin	jiang	jing	jiong										ju	jue	juan	jun
qiu	qian	qin	qiang	qing	qiong										qu	que	quan	qun
xiu	xian	xin	xiang	xing	xiong										xu	xue	xuan	xun
						zhu	zhua	zhuo	zhuai	zhui	zhuan	zhun	zhuang					
						chu	chua	chuo	chuai	chui	chuan	chun	chuang					
						shu	shua	shuo	shuai	shui	shuan	shun	shuang					
						ru	rua	ruo		rui	ruan	run						
						zu		zuo		zui	zuan	zun						
						cu		cuo		cui	cuan	cun						
						su		suo		sui	suan	sun						

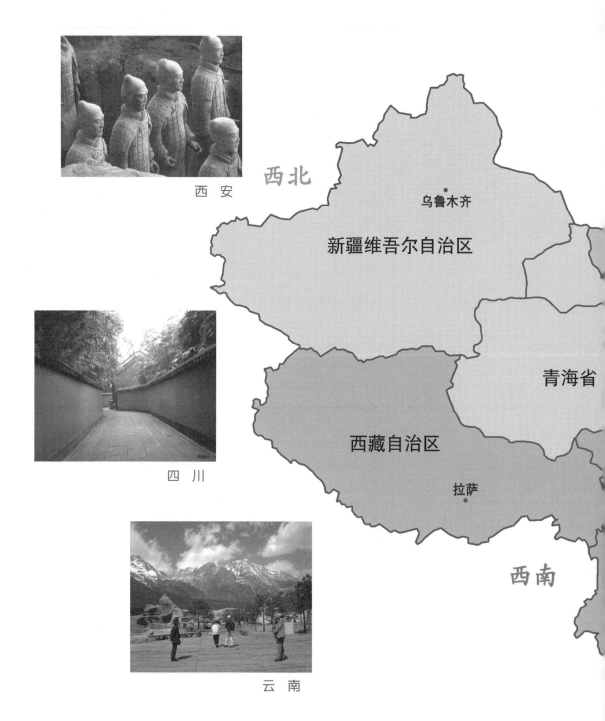

西安

四　川

云　南

西北

乌鲁木齐

新疆维吾尔自治区

青海省

西藏自治区

拉萨

西南

呼和浩特

北京

上海

黑龙江省
哈尔滨

长春
吉林省

沈阳
辽宁省

东北

华北

内蒙古自治区

呼和浩特

北京市

石家庄
天津市

宁夏回族
自治区

山西省

河北省

太原

济南

银川

山东省

西宁

兰州

江苏省 华东

甘肃省

西安

郑州

陕西省

河南省

南京

安徽省

上海市

合肥

四川省

成都

湖北省

武汉

杭州

重庆市

华中

浙江省

长沙

南昌

湖南省

江西省

福州

贵州省

福建省

贵阳

台北 台湾

昆明

广西壮族

广东省

云南省

自治区

广州

华南

南宁

香港

澳门

海口
海南省